Irena Vrkljan
SCHATTENBERLIN
Aufzeichnungen einer Fremden

Irena Vrkljan, geboren 1930 in Beograd. Ab 1941 in Zagreb, dort Abitur und Studium. Erste Gedichte. Ab 1952 Mitglied des jugoslawischen Schriftstellerverbandes, 1966 bis 1969 Studium an der Film- und Fernsehakademie in Westberlin. DAAD-Stipendium 1966/67 für Lyrik. Seit 1968 auch gemeinsame Arbeit mit Benno Meyer-Wehlack. Hörspiele, Fernsehspiele. Lebt in Berlin und Zagreb.

Gedichtbände: *Krik je samo tišina* 1954, *Paralele* 1962, *Stvari več daleke* 1962, *Doba prijateljstva* 1963, *Soba, taj strašni vrt* 1966, *U kozi moje sestre* 1982, *Veče poezie* 1987; *Stationen* (dt. Auswahlband) 1981.

Romane: *Svila, škare* 1984 (*Tochter zwischen Süd und West* 1984), *Marina ili o biografiji* 1986 (*Marina, im Gegenlicht*, Droschl 1988); *Berlinski rukopis* 1988 (*Schattenberlin*).

Irena Vrkljan

# Schattenberlin

Aufzeichnungen einer Fremden

Verlag Droschl

# Inhalt

DACHBODEN MOMMSENSTRASSE

*Gestern. Ein Prolog.*

Nada zündet sich eine Zigarette an. Als ob es gestern
gewesen wäre.
— Warum kannst du es nicht erzählen?
Dunkel ihre Augen, dunkel die Stimme. Sie saß eingewickelt
in ihren schwarzen Schal im Abteil II. Klasse von Berlin nach
München.
Wir fuhren durchs Feld I, wie ich die vorbeiziehende Ebene
für mich nannte.
Die Frage hat mich nicht verwundert. Erzählen?
— Aber du weißt, ich bin doch eine Nichterzählerin.
Draußen zwei, drei Wachtürme, leere Häuser hinter einem
Zaun.
Und die nördliche Landschaft, große Seen, graue Wälder.
(Nein, keine Beschreibung, dies ist nur noch der Anschein von
etwas Grünem oder Blauem.)
Alle erzählen (die Geläufigkeit des Berichtens), alle erzäh-
len und nichts bewegt sich.
Diese Reise ist ein Text. Und Stationen der Zeit zwischen
Zagreb und Berlin. Züge, die durch Vergangenes fahren.
Nada döste vor sich hin und ihr Kopf lag auf der Banklehne
wie eine Versteinerung. Man fuhr von irgendwo nach irgend-
wo.
Der Wunsch, mit Nada nach langer Zeit wieder einmal zu
verreisen, lag sehr weit zurück, in der Eiszeit der entschwun-
denen Jahre. Nada, die Schwester, die mich in Berlin besucht
hat. Nun fahren wir zusammen nach Hause. Auf den schmut-
zigen Abteilfenstern klebten Flecken einstiger Reisen, Regen,
Fett und durchsichtiger Staub. Das eingezeichnete Muster der

Kilometer. Auch mit meiner anderen Schwester Vera bin ich schon so nach Zagreb gefahren. Sie lebt jetzt in Homburg, an der Grenze Deutschlands zu Frankreich, und ihre Reisen sind anders: nur kurze Besuche, Trauer oder das Vergessen von dem, was ihr für immer verloren ging.

— Du glaubst, du bist alt, sagte Nada plötzlich mit einem Vorwurf und ganz wach.

— Nein, das denke ich nicht. - Nur das Haar ist irgendwie kraftlos geworden, antwortete ich geduldig.

Die Taubheit der Gefühle, undurchlässig die Haut. Und die Vergangenheit? Ein Klumpen Blut im Körper.

Nada, zehn Jahre jünger, streckte sich und holte eine kleine Flasche Wein hervor. Wir tranken einen Schluck und schauten wieder durchs Fenster.

Eine der Sünden der Jugend, die man nicht wiederholen sollte: der Engel sein für andere, retten wollen.

— Es passiert nichts mehr.

— Und dir?

— Mir? Sie nahm noch einen Schluck. - Vielleicht Träume.

Die Liebe hat nichts mehr vom Glanz, von der Glut. Sie verwandelt sich stetig in mühevolle Kleinarbeit, stumpft ab vom Alltag. Sie war der erste Augenblick, und dann kommt was ganz anderes.

Draußen ist es Nacht geworden. Nadas dunkles Haar färbte sich ein in Lila. Immer noch die Fahrt durch das Feld I. Als wir Kinder waren, hatte Nada die Locken, die ich mir wünschte. Der Vater liebte sie dieser Locken wegen, und wegen der Mutter von einst, sie war ihr sehr ähnlich. Ein Wunder, daß sie sich aufgerafft hatte zu dieser Reise, die dunkle Wohnung gelassen hat, die alten Familienpantoffeln mitten im Zimmer.

Virginia Woolf beschreibt noch Landschaften, dachte ich und klappte das Buch auf meinem Schoß zu.

Gar keine Struktur in unserm Leben, keine Linie. Alles ist wie eine Erosion, wir bewegen uns durch Sand.

In zwei Jahren reicht dieser Kühlschrank schon bis Malta, dann mußt du noch weiter weg, sagte unlängst ein Freund zu seiner achtzehnjährigen Tochter, die nicht in Berlin, sondern in Spanien studieren möchte.

Nach der Grenze kommt das Feld II. Schon eine Stunde zieht das Feld der genormten Einfamilienhäuser an uns vorbei. Hinter einer Bahnschranke stehen Leute. Als Kinder haben wir immer gewinkt. Nun hebt niemand mehr die Hand.

Die Gruppe sieht aus wie jene auf einem Bild von Radziwill, in der Ferne flog noch ein silbernes Flugzeug. Das Bild zeigte mir vor Jahren der Maler Stančić in seinem Atelier in der Bosanska, brachte das dicke Buch mit den Reproduktionen. Es war nach dem Krieg, und Radziwill malte diese Häuser als Ruinen.

— Erzählen ist oft ein Trost. Und oft die Vortäuschung einer Erklärung.

Manche Bücher schluckt man deshalb. Auch ein Besteck, während wir uns gegenseitig aufessen.

Nadas Augen lachten.

Vera füttert mich in der Erinnerung mit Kuchen, den sie für die Reise gebacken hat.

Im Zug ist es still geworden. Die Nacht war ohne Sterne. Wir näherten uns München. Dort werden wir umsteigen in den Zug nach Zagreb.

Die dunklen Wolken vereinten sich mit dem Horizont.

Als sei es gestern gewesen.

Die Reise zu einem anderen, südlichen Licht.

Hinter mir, in der Ferne, blieb das Zimmer in der Mommsenstraße mit den Büchern. Die hohen, beinah schwarzen Berliner Häuser mit den Fassaden von 1900. Alles, was ich entdeckte, und was ich nicht entdeckte. Die Stadt, die wie eine durchsichtige Folie auf jenen Texten liegt, die in ihr geschrieben wurden. 1920. 1933. Und später.

Nur eine Stadt, oder auch diese vergangenen Lebensläufe? Der Krieg, der war, das Heutige?

Alfred Döblin schrieb 1928: Berlin besteht erstens aus dem Nachlaß einer Anzahl Verstorbener und zweitens aus dem, was die heutigen Leute tun.

Oft verließ ich leichten Herzens den alten, abblätternden Bahnhof Zoo; aber ungern die Umarmung der durch die Jahre gesammelten Sätze.


*Der Wald.*


Die Zeit ist dickflüssig wie Honig. Wenn ich die klebrigen Finger zum Mund führe, fühle ich diese Vergänglichkeit der Süße. Und wie von einem Sturm werde ich nach Zagreb getragen, stehe heftig atmend vor dem Haus in der Klaićeva-Straße.

Der Riß im Verputz des Hofgebäudes gegenüber den Fenstern der Zagreber Wohnung wurde durch all diese Jahre immer breiter.

Jetzt ist er riesig, ein Riß in der Zeit. Ich war in Berlin, ich war oft auch hier. Doch in diesem Sommer steht die Nachbarin im weißen Nachthemd nicht mehr am Fenster gegenüber. Sie liegt jetzt, unsichtbar für mich, in einem anderen Zimmer ihrer Wohnung, in einem, welches kein Fenster zu unserer

Seite hin hat. Sie liegt zitternd in der Krankheit, die alle ihre Glieder erobert hat.

Das Zurückkommen hierher ist immer heftig. Seine Schnelligkeit durchbricht die Mauern des Erinnerns, legt Gewesenes bloß. In der Dickflüssigkeit der Zeit erkenne ich diesen Wandel des Kommens und Gehens. Und es scheint, als ob meine Reise in ein anderes Land Bewegung und gleichzeitig ein Stehen war, hier, in diesem Zagreber Zimmer, vor dem Riß in der Wand. Seine schwarze Tiefe ermahnt mich, daß etwas unwiederbringlich vergeht.

"Jede Reise ist lebensgefährlich. Überall treffen wir die Boten jenes Alten auf dem Berg ... Reisen ist immer Suchen und Angst vor dem eigenen Tod und der Umwandlung", schreibt Claudio Lange.

Die Abwesenheit zeichnet sonderbare Narben ein, während sich die Beine sehr leicht irgendwohin ins Unbekannte bewegen, leicht laufen. Ich habe Angst vor diesen Narben und verlasse dann das Zimmer in der Klaićeva.

Ich gehe dann, sagen wir, nach Samobor, einem kleinen Ort in den Bergen in der Nähe von Zagreb.

Ich sitze im Bus, fliehe vor dem Riß. Umsonst.

... denn wo immer ich mich niederlasse, ich sterbe in der Verbannung ..., sagt Virginia Woolf im Roman *Jakobs Zimmer* 1921, und das in bezug auf nur eine Person und einen nur kleinen Ortswechsel innerhalb Englands.

Im unbekannten Haus in Samobor summt eine Biene, summt stetig in der schattigen Zimmerecke. Das Haus hat Djurdja für Benno und mich gemietet, sie lebt in Samobor und ich bin mit ihr in die Schule gegangen. Sie gab uns die Schlüssel, brachte uns eine warme Suppe in einem hohen Topf, sah nach im Haus, ob alles in Ordnung sei, und verließ uns dann.

Die erste Nacht in Samobor träume ich, wie ich über eine weite, leere Wiese gehe. Sie ist bedeckt mit einem riesigen, weißen Laken. Obwohl ich mich fürchte, muß ich das Laken heben. Unter ihm liegen unbewegt, einer neben dem anderen, die gestorbenen Freunde Vicko, Miljenko Stančić, Angel. Sie sind so schrecklich ruhig, und ich glaube, das Herz wird mir brechen. Das Laken ist schwer, fällt zurück. Ich schreie im Traum.

Unerbittliche Verluste begleiten die Jahre, begleiten die Rückkehr. Gestern wurde Tomica begraben. Vor zwanzig Tagen saßen wir vor dem Unwetter zusammen in seinem Zimmer mit den schwarzen Ledersesseln. Die Farbe seiner Haut wie Wachs. In diesem Haus in Samobor starb vor zwei Jahren ein mir unbekannter Mann. Schlafe ich vielleicht in seinem Bett? Alles ist still, alles auf seinem Platz. Grausamkeit des Weggangs, der keine sichtbaren Spuren hinterläßt.

Wir leben, obwohl es einen anderen nicht mehr gibt.

Der Wald vor der Balkontür ist grün wie einst. Am Berg die Kapelle der heiligen Anna. Der Park Tepec. Das ganze Gebiet heißt Anin Dol. Die Namen der Kindheit mit Djurdja. Unsere Versteckspiele hier, 1946, 1947. Wir dachten noch nicht an ein Grün, das bestrahlt sein könnte, nicht an den Tod und alle seine Unterarten. Ich kam mit meinem Schulranzen, wir lernten zusammen, nachmittags liefen wir in diesen Wald. Uns an den Händen haltend, tanzten wir Reigen unter den Tannen.

Dragica hat mir in Berlin, in der Yorckstraße, erzählt, daß sie nach der Arbeit am Band bei Bosch zuerst eine Stunde auf einer Bank im Park sitzen muß. Um zu sich zu kommen. Erst

dann kann sie nach Hause gehen. In ihr Zimmer mit der Koch-
nische. Dragica ist fünfunddreißig Jahre alt und lebt allein. Auf
der Sparkasse hat sie Geld für den Hausbau in ihrem Dorf bei
Karlovac. Im Zimmer in der Yorckstraße wäscht sie sich aus
Nervosität jeden Nachmittag die Haare. Dann liest sie die be-
bilderten Zeitschriften. Dann kocht sie sich etwas. Und hat
Angst vor jedem Geräusch auf dem Treppenflur. Hat Angst,
jemand wird bei ihr einbrechen und ihr nehmen, was sie hat.
Ich sehe die schlanke Dragica, wie sie in Berlin allein auf einer
Bank im Park sitzt. Ihre Augen sind geschlossen, und sie sitzt
reglos.

Im Zimmer in Samobor summt die Biene.

Das Leben in Zimmern. Die Landschaft früh verloren, in den
geschlossenen Räumen der Wohnungen, dunklen Abenden
der Kindheit, die ohne einen Luftzug waren. Diese Zimmer
unserer verschiedenen Wohnstätten messen die Zeit.

Manches verwandelt sich in Staub. Die alten literarischen
Zeitschriften mit meinen ersten Gedichten, die ich nach vielen
Jahren vom Regal nehme, die Wände des Ganges aufgebläht
von der Feuchtigkeit, der Verputz der Fassade gegenüber, der
alte, bröselnde Gasherd, die Farben der Türen in der Klaićeva, die Fußböden, die ausgetretenen Schwellen. Ameisen sind
eingezogen in die alte Wohnung, ich höre den feinen Staub,
der zwischen den Ziegeln rieselt.

Nach Berlin bin ich studieren gegangen und blieb länger, als
ich es vorhatte. Es ist mir bis jetzt nicht gelungen, die entstan-
denen Entfernungen zu verbinden. Ich brauchte Zeit für jeden
Entschluß. Zuerst das Studium an der Film- und Fernsehakademie beenden. Ich lernte Benno kennen. Er war Schriftsteller und schrieb nicht. Keine Wohnung für uns in Zagreb. In

meiner, in der Klaićeva, die Mutter, die zurückgekommen ist aus Homburg, weil sie dort, in der Fremde, trotz aller Bemühungen meiner Schwester, nicht leben wollte.

Und so wurden es über zwanzig Jahre der Reisen zwischen Berlin und Zagreb. Die Klaićeva - das sind zwei kleine Zimmer. Und jetzt — meine Mutter ist im Altersheim — das erste Mal in der leeren, sommerlichen Wohnung in Zagreb, zerfällt alles unter den Händen. Unter den Händen Reste, Vergänglichkeit.

Für viele sind es Zeiten der Reisen geworden. Hierhin ziehn, dorthin ziehn. Eine Weile in der Fremde leben. Die Häuser der Heimat wie leergefegt. Im Sommer kommen sie mit den schweren Koffern. Spielen oft den Onkel aus Amerika. Erzählen Geschichten. Verstecken den Schmerz, die Krankheit. Die Kälte. Haben ein Auto, haben kein Auto. Leiden, wenn sie die Angst in den Augen der Verwandten sehen, die Angst, daß sie vielleicht zurückkommen möchten. Jemandem die Arbeit nehmen. Oder den Teil eines Gartens, eines Hauses. Können das Schicksal nicht erklären, das sie auf die Reise zwang. Ein Unglück, eine Arbeitslosigkeit. Eine schlechte Ehe. Und die Neugier. Einen Abstand gewinnen, manchmal so notwendig. Ein Vater, der für die Tochter eine Hochzeit erzwingen will. Und das Unwissen, Nichtwissen, die falschen Träume. Das andere Land braucht Arbeiter, hat sie gerufen. Für ihre Ausflüge nach Hause ziehen sie die besten Schuhe an. Überqueren die verschiedenen Grenzen, wenige freuen sich, wenn sie sie sehen. Die Haut wurde mit der Zeit fahl in den großen Fabrikhallen. Sie fühlen immer mehr, sie sind ungeliebt. So vergehen die Jahre. Und plötzlich steht man im Niemandsland. Und hat nirgendwo ein Bett.

Ich nehme mein Kissen und schleife es hinter mir her in den schwarzen, nächtlichen Wald von Samobor. Ein Bett auf dem Moos?

Ich berühre den, der vor mir geht und der auch sein Kissen hinter sich herzieht. Der Wald ist tief, endlos, still. In ihm bin ich nicht allein.

Aber auch aus dem Wald werde ich verjagt werden, ich weiß. Vom Tod, oder den Schlangen, oder einem schrecklichen Regen.

"In einer Liebe suchen die meisten ewige Heimat. Andere, sehr wenige aber, das ewige Reisen. Diese letzten sind Melancholiker, die die Berührung mit der Muttererde zu scheuen haben. Wer die Schwermut der Heimat von ihnen fernhielte, den suchen sie. Dem halten sie Treue. Die mittelalterlichen Komplexionenbücher wissen um die Sehnsucht dieses Menschenschlages nach weiten Reisen", schreibt Walter Benjamin.

Die Reisen haben sich sonderbar verlängert. Ewige Reisen; vielleicht ist die Zeit so. Und sie verträgt nicht mehr die Sehnsucht nach Unbekanntem. Die Reisenden, die ich im Wald treffe, sind Arbeiter. Sie haben keine Gelegenheit und keine Möglichkeit, das Land, in dem sie sich befinden, zu entdecken. Nur die äußeren Zeichen, die Koffer, verschiedene Tragtaschen, machen aus ihnen anscheinend fahrende Leute. Oft stehen sie nur. Hier wie dort. Und wäre ich nicht auf die Reise gegangen, ich hätte sie nie so kennengelernt. Ohne ihre Erfahrung wäre die Zeit zu Hause nur eine Rückkehr von einem längeren Ausflug.

Ich schleife mein Kissen hinter mir her und schreite immer tiefer in den Wald hinein.

Ich tue es unermüdlich, jede Nacht.

*Bilder des Abschieds.*

So verabschiede ich mich erst jetzt von dem Teil des Gehsteigs, auf dem ich im Jahr 1966 stand, ohne Wissen, wo ich mich befinde. Ich stand da mit einem Koffer, im kalten Novemberwind aus Osten. Die eiserne Brücke über der Schlüterstraße dröhnte, ich war gerade angekommen, der Name Savignyplatz hatte eine geheime Bedeutung. Die Leute auf der Straße waren mir fremd, fremd die Bilder der Stadt, alles wie ein verzögertes Leben. Ich stand auf der Kreuzung des Novembertages, im ersten Schnee, und hoffte, ich sei in Berlin angekommen. Und gleich dachte ich, ich werde schnell wieder abreisen. Vielleicht schon morgen.

Und das Bild der Ankunft zerfällt in eins des Abschieds.

Das war der Beginn.

Gibt es den Beginn? Fängt diese Stadt Berlin nicht schon in meinem Kopf an, schon viel früher? Ihre Straßen, die Namen? Alexanderplatz, Kurfürstendamm, der Reichstag? Gibt es die fremde Welt immer nur zusammen mit den Zeilen der früher gelesenen Bücher, der schon früher gehörten Orte oder Plätze?

Heute glaube ich, ich stand auf der Kreuzung der Biographie. In einer Fremde noch ohne Geschmack, ohne körperliche Nähe. Ich stand da und blickte gleichzeitig auf mich hinunter. Sah ein gestörtes Verhältnis zur Vergangenheit, zur Familie, zum Entschluß wegzugehen aus Zagreb und wieder zu studieren. Ich sah mich wie eine Puppe: geschminkte Augenlider, ein verlegenes Lächeln, auf dem Kopf die weiße Kappe, im Gepäck die vagen Träume.

Auch darum: Bild des Abschieds.

Das Stehen damals an jener Ecke erschreckte mich. Ich wußte nicht: die Fremde, das bin ich selbst. Ich deutete die Angst vor ihr als etwas Natürliches. Ich war dort, wo ich keine eigene Geschichte hatte, kein Haus der Erinnerung, niemanden, den ich kannte. Keine lange Klaićeva mit dem Geruch nach Tabak und Kaffee von den nahen Fabriken, kein südliches Licht. Sondern andere, höhere Häuser, unter den Dächern graue Engel aus Stein, gewaltige, geschnitzte Eingangstüren, die hineinführten in Flure, bedeckt mit Teppichen.

Abschiede zu ertragen lernen wir spät. Und manchmal anderswo. In den Pupillen leuchtete die Angst. Und trotzdem - ich hatte den Wunsch, diese windige Ecke der Fremde zu erobern. Sie mir gefügig zu machen. Später habe ich gelernt, diese alten kriegerischen Gewohnheiten zu lassen.

Ich habe Berlin nicht erobert. Ein Glück.

Die Ecke der Schlüterstraße sehe ich heute, im Vorbeigehen, als einen gesichtslosen Ort. Kein Verlangen mehr, auch da zu Hause zu sein. Unter der eisernen Brücke graue Schatten, Sonnenflecken. So liebe ich sie oder liebe sie nicht. Man soll sich nicht binden an eine Straßenecke oder die Form eines Fensters. Man soll vorbeigehen. Ohne Gepäck. Und nichts mitnehmen.

Das Licht der Fremde ist manchmal das Licht überall.

Ich nahm Berlin nicht mit, wenn ich anderswo war, zum Beispiel wieder einmal in Zagreb. Ich versuchte es mindestens nicht zu tun.

Was die Zeit dort ausmachte, soll anders im Gedächtnis aufbewahrt werden. In der Ruhe der Bilder, die mich jetzt langsam verlassen.

Mit jedem Tag, jedem Monat mehr. Die mich verlassen und darum einen anderen Stellenwert bekommen.

Keine nachträgliche Rekonstruktion. Eine Straße, eine Reise. Keine Last der Deutung. Offen die Augen. Mit der Genauigkeit der kleinen Vögel, meinetwegen. Auch ich bin nicht mehr die von jener Ecke. Verloren die Zeit, überwunden. Der Koffer weggeworfen, die Kappe dunkel geworden. Erloschen die Eroberungswünsche.

Fort die damaligen Träume der ersten Nacht in Berlin. Das Glas Wasser neben dem Bett leer, unten der weiße Kalksatz. Verschwunden auch das Bett. Der Regenfleck an der Decke des Zimmers. Nichts mehr aus jener Zeit existiert wirklich.

Wohin den Kopf wenden?

Jenes Berlin war ein Märchen, das ich schon mitgebracht hatte, ebenso wie die Vorurteile. Ein Norden. Ein Deutschland. Kälte. Reichtum. Ich wollte das nicht.

Ich fing gleich an, nach Büchern zu suchen, nach den Wegen über die Literatur. Nach alten Stadtplänen, Photographien. Texten. Von Benjamin, Mitscherlich, Kracauer. Welche Wirklichkeit gibt es? Stundenlanges Stehen vor den Auslagen der Buchläden. Die Titel. Ihre betäubende Vielfalt. Ich zog um in Bücher, einen Monat, ein Jahr.

Die verblaßte Handschrift kann Leben bedeuten.

Und jene für mich neuen Worte, die auf den Seiten plötzlich wie unterm Vergrößerungsglas erschienen: unerforscht, gedächtnislos, Trauerarbeit, der Nullpunkt, Schein.

## Dachboden I.

Vier große Häuser bilden den Hof in der Mommsenstraße.
Die Straße befindet sich im sogenannten Westen der Stadt, in
Charlottenburg.

Die Russen nannten dieses Viertel 1920 Charlottengrad. Die
Straße befindet sich zwischen der Kantstraße und dem Kurfürstendamm und blieb eine des Kommens und Gehens.

In der Enge des Hofes, den die vier Häuser bilden, stehen
zwei dünne Birken. Das Dachfenster meines kleinen Mansardenzimmers zum Süden hin erreichen sie nicht. Ich ziehe ein
in diese Wohnung mit einem Koffer, einem Schrank ohne Hin-
terwand und einem weißen eisernen Bett vom Roten Kreuz.
Ich erfahre, daß man nichts kaufen muß, es gibt in der Stadt
genug weggeworfene, alte Möbelstücke, die Magazine sind
voll.

Von der Hauswartsfrau Golisch bekomme ich noch einen
kleinen Teppich, eine Bettlampe, einen Stuhl mit dem Geruch
des feuchten Kellers und einen grünen Küchentisch aus dem
Jahre 1930. Frau Golisch kommt aus Schlesien, sie ist sehr dick,
sehr gesprächig und neugierig. Sie brachte die Sachen und
setzte sich gleich hin, erzählte eine Stunde über ihre Ehe, die
kaputten Knochen, den Alkohol, die Armut, den Krieg.

Die zwei Zimmer sind abgezweigt vom Dachboden, billig
verputzt, es zieht überall. Sie sind Teil einer ehemaligen Vier-
zimmerwohnung, lange verlassen, schwer zu heizen. Im
Zimmer mit dem Eisenbett steht ein kleiner Allzweckofen. Ein
Vorhang trennt es vom zweiten, beide sehen auf den Hof. Auch

die Küche mit dem Gaskocher, das Bad. Die vorderen, unbewohnten Zimmer zum Norden hin sind größer, ohne elektrisches Licht, verstaubt, die Tapeten zerrissen. Es sind eisige Grüften. Ich kenne noch nicht die Geschichte des Dachbodens.

Schlafe spät ein.

In den Ohren immer noch die endlosen Geschichten der Frau Golisch, ihre laute Stimme:

— Wir wohnten eine Stunde hinter Kosel. Wir waren zehn Kinder, der Vater war Schneider. Er war jede Nacht betrunken, einmal traf ihn im Schlaf der Schlag. Die Mutter hat geweint, aber nicht wegen ihm, sondern wegen der Kinder. Der Vater war Schneider gewesen und die Kinder hatten keine Mäntel. Wir sind dann zum Kloster gegangen, dort gab es einmal am Tag Suppe. Unserer Nachbarin starb ein Kind, und sie sagte zu meiner Mutter, warum ist nicht deins gestorben, es hat ja keinen Vater. Meine Großmutter wusch sich das Gesicht mit Mehl, es gab kein Geld für Seife. Später mußte ich bei Bata arbeiten. Die Fabrik war achtzehn Kilometer von Kosel entfernt. Schichtarbeit. Vierzig Mark die Woche, harte Schuhe machten die. Wir standen am Band. Der Geruch in der Halle war zum Übelwerden. Manche Frauen schwollen von der Arbeit an, ich magerte ab, konnte nicht mehr schlafen. Der Amtsarzt saß hinterm Schreibtisch und schrie mich an. Zieh dich aus! Wir müssen alle arbeiten! Dir fehlt nichts, du stiehlst mir nur die Zeit! Doch ich konnte nicht mehr in der Fabrik arbeiten. Von dem Geruch in der Halle hab ich immer stärker erbrechen müssen.

Als ich einzog in die Mommsenstraße, brachte mir Frau Golisch den Küchentisch, den kleinen Teppich, die Lampe.

Später mußten Benno und ich vom Kuchen essen, den sie gebacken hatte.

Und sie brachte Grieben, Gänseschmalz, Kartoffelklöße.

Später schleppte sie die schwarze Schneiderpuppe an, die auf dem Dachboden gestanden hatte und niemandem mehr gehörte.

Ihre Seekiste mit dem Vorhängeschloß stand bei uns im Zimmer zur vertrauensvollen Aufbewahrung. Drinnen die alten Papiere und Geheimnisse, die ihr Mann Reinhold nicht sehen durfte.

Später kam sie mit den vier Bänden Brockhaus aus dem Jahr 1935. Und mit der Schreibmaschine Continental - intakt, schwer, aus den Anfangszeiten der Maschinen. Die schenkten wir dann Ljubo, der aus Kreča Ves nach Berlin gekommen war.

Ihr Vater war der lange Schneider gewesen.

Ihr Geburtsort war im Jahr 1913 ein Dorf, eine Fahrradstunde hinter Kosel, in Schlesien, im jetzigen Polen.

Sie beendete nur die Grundschule.

Sie arbeitete als Tagelöhnerin. Sie arbeitete bei Bata in der Schuhfabrik.

Sie kam nach Berlin wie viele, die damals vom Land in die Stadt kamen, und sie blieb an deren Rand. In der Wäscherei des Klosters in Lichtenrade arbeitete sie für neunundzwanzig Mark im Monat.

Sie ging zu Leuten in den Haushalt. Sie lebte mit ihrem Mann in der Laubenkolonie. Im Krieg mußte sie in einer Munitionsfabrik arbeiten. Sie hatte einen Sohn. Vor Ende des Krieges geschieden, fand sie sich wieder in Schlesien.

Später, mit ihrem zweiten Mann Reinhold, zog sie wieder nach Berlin. Arbeitete in der Küche des Klosters in Hermsdorf. Reinhold Golisch ist Gleisereiniger bei der Straßenbahn gewesen. Der Sohn wird Maurer.

Sie wohnten in der Kolonie zwischen den toten Gleisen.

Nun sind sie schon lange Hauswartsleute in der Mommsenstraße.

— Jesus, wissen Sie, ich konnte es nicht mehr aushalten. Ich bin zum Arzt gegangen und hab gesagt, Herr Doktor, ich halte das nicht mehr aus mit meinem Mann und seinem Saufen. Ich nehm mir einen Strick und häng mich auf. Da hat er mir die Pillen gegeben. Die sollt ich ihm ins Essen tun. Er hat nichts gemerkt und hat aufgehört zu trinken. Jetzt sagt er immer, ich verstehe nicht, wie die alle saufen. Ich habs ja auch geschafft. Mit meinem Willen. - Und ich denk mir, du, mit deinem Willen!

Pauline Golisch, 1,80 m groß.

Und dick, schwer.

Heute ist sie sechsundsiebzig Jahre alt.

Reinhold ist gestorben.

Sie geht jetzt mit Stock. Kann nicht mehr raufkommen zu uns. Wenn sie sieht, die Mansardenfenster sind offen, ruft sie an.

Verreist sie, gießt Benno in ihrer Wohnung die Blumen. Sie schreibt dann Ansichtskarten mit ihrer dünnen, zittrigen Schrift.

Sie arbeitet nicht mehr als Hauswartsfrau. Ihr Küchenfenster gegenüber im zweiten Stock ist nachts lange hell. Die Seemannskiste ist jetzt in ihrem Zimmer. Es gibt niemanden mehr, der sie aufbrechen würde.

Der Sohn ist geschieden. Manchmal trinkt er, dann ist er krankgeschrieben.

Sie backt keinen Kuchen mehr.

Im Koffer brachte ich damals ein kleines Stück Leinwand mit. Auf ihm das bleiche Mondkind von Miljenko Stančić, dem Maler und Freund aus Zagreb. Das Gesicht rund, die Augen geschlossen, das Kind fliegt in den Himmel. Bläuliche, durchsichtige Farben. Ich befestigte das Bild an der Wand gegenüber dem Bett und schrieb nach Hause: es geht mir gut.

Denn das, was vergangen ist, ähnelt beinah einer Fiktion.

Ich stehe die Jahre hindurch vor dem Schrank ohne hintere Wand im kleinen Mansardenzimmer. Bemerke nicht mehr wie früher die Helligkeit des Berliner Himmels vor dem Fenster. Graues Licht. Erinnerungen. Immer dieselbe Handbewegung zur Schranktür hin. Wie lange stehe ich schon vor ihm, im Sommer, im Winter, in der Zeit, wenn Benno und ich nicht in Zagreb sind. Zehn Jahre, zwanzig? Die Bewegung der Hand ist gleich geblieben, beinahe automatisch, die Haut veränderte sich, auch die Gefühle. In der Wiederholung liegt die Zeit, das Glück, die Verluste. Die aufbewahrten Bilder. Ein Kind geht zum Schrank in der Buconjićeva in Zagreb, eine junge Frau steht vor ihm in verschiedenen Hotelzimmern, auf dem Meer, in den Räumen des Lebens. Und nur die beiläufige Bewegung der Hand hat sich nicht verändert, ermüdet manchmal. Alles andere, das Bewußtsein, die Gedanken, der Körper, flieht ins Erinnern und macht mich hilflos vor der Gleichzeitigkeit aller dieser Schränke. Die Bewegung der Hand tilgt die geographischen Entfernungen, verwischt die Lichtunterschiede, und das Stehen vor dem Schrank hat etwas Dauerhaftes, ist überall.

*Eine Kindheit in Berlin.*

Berlin ist ein Zustand. Die Erforschung der Stadtlandschaft erfolgt mit spitzen Fingern. Leben auf Abbruch. Im Kopf der gepackte Koffer, die Möglichkeit der Flucht. Ich lasse mich lange nicht wirklich ein. Bin gerecht, bin ungerecht dem Erlebten gegenüber.

Ich blieb wegen Benno. Gehe stundenlang mit ihm durch unbekannte Straßen, höre seine Geschichte. Kindheit in der Bolivarallee. Das Kind, die Bommeln der Platanen vorm Haus, ihr Geheimnis. Die sonderbare, blonde Mutter. Der Vater, der nachts für die Zeitung schrieb. Spielen an den Rändern des Parks Ruhwald, die Wiesen sind heute bebaut. Das silberne Fahrrad. Die Olympiade 1936. Die Nationalsozialisten an der Macht. Benno im Jungvolk, er hat Ambitionen. Sie marschieren durch die Stadt. Wollen ins Kino. Leni Riefenstahls Olympiadefilm. Zuviele Pimpfe, sie schaffen es nicht hineinzukommen. Die Wut, die Kinosucht, die blinde. Später werden die Schulen evakuiert. Benno liest den *Knulp* von Hesse, das Buch fand er in der elterlichen Bibliothek. Bekommt durch Hesse, seine Sprache, seine Geschichte, andere Sehnsüchte. Die Welt ist nicht schwarz wie die Uniformen. Der Junge will nicht mehr zum 'Dienst'. Der Vater kann ihn mit seinen Beziehungen schützen. Er ist jetzt viel zu Hause, liest, geht ins

Theater, studiert die Hefte der kleinen Reclamreihe. Hauptmann. Shaw, Kleist. Einsamkeit und Genuß. Der starke Wunsch, Landstreicher zu werden. Draußen schreien die Massen.

Und dann brennt das Haus in der Bolivarallee. Er ist fünfzehn. Alles geht verloren. Die Bücher liegen verbrannt und naß auf der Straße. Ich sehe ein erschrockenes Gesicht, einen Jungen, er hat einen grauen Pullover an, graue Hosen. Von nun an lebt er mit den Eltern in einem Untermietzimmer. Er lebt eine Zeitlang unerfaßt von den Behörden, besucht eine Privatschule, kommt so nicht zu den Flakhelfern.

Aus jener Zeit blieb das Kloster in der Preußenallee. Wir gehen manchmal hin. Immer noch kniet eine Nonne im rosa Gewand auf den Treppen. Sie kniet da 1988, 1966, 1938. Benno ist am Kloster vorbei in die Schule gegangen. Die Tür war nie verschlossen. Und die Nonne, nein, es war keine Puppe, trug ein langes Kleid, auf dem rosa Reflexe funkelten. Ob von der Lampe? Er sah nicht ihre Schuhe, nicht die Form des Körpers. Dem Jungen vor dem Glas und dem Gitter schien, er stünde vor einem fremden, unbekannten Laden. Ähnlich jenem Schaufenster im Zentrum der Stadt, in dem Hochzeitskleider waren, weiße Schleifen, Schals aus Satin.

Wir gehen zum Theater "Die Tribüne" in der Otto-Suhr-Allee. Dort hat Benno 1945, als Siebzehnjähriger, zusammen mit den Schauspielern den Schutt abgetragen und so seine erste Stellung bekommen. Das war in jener Zeit ein Wunder. Denn es bedeutete Lebensmittelkarten und etwas weniger Hunger. Er sprach jeden Abend, mit einer Laterne in der Hand und in seinen verwaschenen Klamotten, das Gedicht von Kästner: "Wir waren achtzehn und hatten Angst."

Das Theater hatte kein elektrisches Licht. Der russische General Bersarin brachte mit dem Motorrad die Kerzen für die erste Vorstellung. Die Leute saßen im Zuschauerraum eingewickelt in Decken. Das Theater war jeden Abend voll.

Nach zwei Jahren Schauspielschule fing er an, die ersten Kurzgeschichten zu schreiben. Die Eltern waren in Bayern, er ganz allein in der zerstörten Stadt. Wir stehen im Lichthof der alten Pension "Deutsches Haus" am Stuttgarter Platz. Oben, das zweite Fenster rechts - dort wohnte er, in einem dunklen Zimmer mit alten, kaputten Möbeln, und schrieb sein erstes Hörspiel. Dort oben zeichnete er auf dem Fußboden die "Kreidestriche, die ins Ungewisse" führen. Aß vom weißwäßrigen Honig im Glas auf dem morschen Fensterbrett.

*Der Schrank.*

Wenn ich den Schrank laut zuschlage, hebt Benno, der im Sessel sitzt und schreibt, den Kopf. Forschende, grüngraue Augen. Er kennt die ungestüme Bewegung. Und er läßt mir die Ungeduld, stellt keine Fragen, trägt ruhig die Last meines Unmuts wegen des Alltags in der Fremde - läßt die hilflosen, unwichtigen Fragen nach dem Wetter zu und was man wohl in dieser unbekannten Stadt, deren Klima man nicht kennt, anziehen soll. Läßt zu mein Hadern mit den Fakten, den Blick hinauf zu dem staubigen Koffer auf dem Schrank, diese Litanei einer Fremden. Er zeigt Geduld bei diesen Ausbrüchen, kennt die Angst, die im Nacken sitzt. Die Angst manchmal vor allem. Vor dem Smog, der Gasrechnung, dem Holzboden, der sich senkt, den Polizeisirenen, dem möglichen Brand auf dem

Dachboden und alle Fluchtwege sind versperrt, die Angst vor dem eisigen Wind, dem Alter, den Kriegen überall, den schlechten Fernsehnachrichten, dem Gift im Wasser. Die Angst vor dem Verstummen, dem Tod, der Fremde.

Und wenn es ihn nicht gäbe vor seinem Schreibtisch, mit dem ruhigen Blick aus den schrägen Augen - ich würde sicher nicht aufhören zu klagen.

Jedes Muster in der Politur kenne ich auswendig, die geschnitzten Beine, die Schwere des Schrankschlüssels, der leicht aus dem Schloß herausfällt, die Höhe der Türen, den Geruch der Kleider. Alles, was in ihm hängt, hat noch die Form unserer Körper, noch den Regen von einem Spaziergang. Alle diese Kleider sahen Zagreb, Berlin, die verschiedenen Züge und Autos.

Im Schrank sind aufbewahrt die ungetragenen, nichtgeliebten Sachen, die vergessenen Hemden, zu kurzen Mäntel. Der Schrank ist ein Schiff, er trägt in seinem Bauch alles, was hinter mir liegt: die Kälte, die Wärme, die nicht meßbaren Stunden.

Das Holz ist dunkel und es glänzt.

In ihm spiegeln sich die Sonne, das Fensterkreuz.

Und mich verlassen der Zorn, die Angst. Leise schließe ich die Schranktür und höre auf zu klagen.


*Der Reisende Benjamin*

Walter Benjamin wurde 1892 (im selben Jahr wie die Dichterin Marina Zwetajewa) in Berlin geboren. Er wuchs in der Stadt auf und war immer wieder hier, bis zur Emigration. Die

Familie wohnte in der vornehmen Nettelbeckstraße, in der Nähe des Tiergartens. Im Krieg ist dieses Viertel zerstört worden, das Haus Nummer 24 gibt es nicht mehr, heute stehen da große Hotels, und die Straße heißt An der Urania. "Ich blieb eingeschlossen in diesem Viertel der Besitzenden, wußte keine anderen", schrieb er.

Die Villa in der Delbrückstraße im Grunewald steht noch, wie auch das Mietshaus in der Carmerstraße 3, in dem er kurz gewohnt hat.

Jetzt kaufe ich in derselben Straße, in der Autorenbuchhandlung, seine Bücher, blättere gleich in ihnen:

"Ein höchst verworrenes Quartier, ein Straßennetz, das jahrelang von mir gemieden wurde, ward mir mit einem Schlag übersichtlich, als eines Tages ein geliebter Mensch dort einzog. Es war, als sei in seinem Fenster ein Scheinwerfer aufgestellt und zerlege die Gegend mit Lichtbüscheln."

Eine Stadt lernen wir kennen durch die Behausungen von Menschen, die in ihr lebten, die weggegangen sind.

Das verworrene Netz bekommt dann klare Koordinaten und meint eine andere Geographie.

In seinen Büchern *Berliner Chronik* und *Berliner Kindheit um Neunzehnhundert* beschreibt Benjamin so einen eigenen Stadtplan.

In den Interieurs jenes, was draußen ist, in Straßen und Parks jenes, was in den Zimmern verborgen ist. Zu der Zeit ist Benjamin vierzig Jahre alt und beginnt die Arbeit an seinem unvollendeten Werk über *Paris, die Hauptstadt des 19. Jahrhunderts*. Er reist also hin und her. Bis zur Machtübernahme durch die Nationalsozialisten, dann geht er nach Paris und bleibt dort bis zu seiner Flucht im Juni 1940. Die Deutschen standen vor Paris.

Zuerst, 1935, wohnte er in den verschiedenen Hotels des 14., 16. und 6. Bezirks. Danach, zwei Jahre später, in einem möblierten Zimmer in der rue Bernard 23, als Untermieter bei Emigranten. Im Januar 1938 zog er ein in die erste eigene Wohnung in der rue Dombasle 10. Auch in diesem Haus wohnten deutsche Emigranten, die Wohnungen waren billig, kalt und ohne Komfort. Die ganze Zeit in Paris lebte Walter Benjamin am Rande des Hungers.

Wenn wir nicht die Zeichen der Briefe lesen, alte Bücher, die Notizen der Vergangenheit, werden wir das Erinnern verlieren, die Geschichte und das Erbe. Denn alles, was aufgeschrieben wurde, ist aufgeschrieben für jemanden, der später kommt. Die Erfahrungen, die Armut, das Gefühl. In einem Brief aus dem Jahr 1934 schreibt Benjamin: Ich war beinah nie so einsam wie hier. Und im November 1938: Mein Bruder ist ins Zuchthaus von Wisnak transferiert worden, wo er mit Straßenarbeiten beschäftigt ist.

Vier Jahre später wird Georg Benjamin im Lager Mauthausen ermordet.

Walter Benjamin, in seinem dunklen Zimmer in Paris, ahnte noch nichts von dem Schicksal seines Bruders, nichts von seinem eigenen.

Viele der Jugendlichen, die heute über den Kurfürstendamm laufen, hören nur noch die Musik, nur den Augenblick der Gegenwart. Er ist laut, verhallend. Und die Gesichter der Kinder mißmutig, abwehrend. Sie wissen nicht, diese Art des Vergessens macht einsam.

Und wir, und ich? Wir suchten in Berlin die Fremden. Und jene, die einst hier gelebt hatten, die gelacht hatten oder geweint. Wir suchten die Fremden auch in den Einheimischen; manche, geblieben an einem Rand, außerhalb des Hauptstroms. Oder die wirklichen Fremden, die Arbeiter aus den verschiedenen Ländern, die Flüchtlinge aus Chile, Uruguay, Peru. Und die Frauen. Die Frauen mehr als die Männer. Ihr Gedächtnis ist oft ein anderes.

Und wir suchten die Bücher der Zeit und dieser Stadt. Bücher der Fortgejagten, Fortgeschickten. In ihnen die Antworten auch auf unsere kommenden Fragen. Obwohl unsere Reisen und Fluchten anders waren und so viele Jahre später.

Der Grund dafür ist vielleicht Berlin, diese Stadt mit dem "Geschmack nach Karbid". Vor meinen Augen die Gesichter, die Photos, Bücher und Briefe, sie ziehn vorbei, wie hinter Fenstern eines Zuges, der fährt.

Walter Benjamin sammelte in Paris das Material über das Ende einer Epoche, Zitate aus dem 19. Jahrhundert, Material über die Pariser Passagen - die überdachten Durchgänge - und las Baudelaire. In seinem Essay *Über einige Motive bei Baudelaire* geht er aus vom "Verlust der Erfahrung", der das Leben in der Großstadt charakterisiert.

Vielleicht ist es das, was man entdeckt, wenn man durch große Städte geht.

*Mein Nordpol.*

Ich höre den feinen Staub, der zwischen den Ziegeln rieselt.
In Zagreb blühen die Kastanien, und ihre weißen Blüten
liegen verstreut auf den Gehwegen des Prilaz.
Meine Mutter im Heim hat wieder das Lächeln eines jungen
Mädchens.
Ich töte in der Wohnung die Ameisen. Das Telephon klin-
gelt, wir sind zurück aus Samobor, die Freunde melden sich.
Ich kann niemandem erklären, daß ich nicht wirklich weg war,
daß ich nicht wirklich angekommen bin.
Nur: die Zeit ist vergangen, das Haar wie nebenbei grau ge-
worden. Zwischen zwei Städten des südlichen und westlichen
Europas verbrauchte ich etwas von meiner Kraft und wandte
mich dem Gedächtnis zu. Ich trug in mir zwei Himmelsfarben,
das südliche, das nördliche Klima. Habe mich nicht zu einem
Abschied entschlossen, nicht zu einem Bleiben anderswo.
Wollte es nicht. Mit Anstrengung versuche ich die Enden
zweier Drähte, zweier Entfernungen, zusammenzukriegen, ich
ziehe an ihnen, die Finger sind schon wund davon.
Zagreb wurde in der Zwischenzeit noch etwas baufälliger,
die Leute hörten immer nervöser meinen Geschichten zu, über
die kalten Straßen irgendwo anders: Ach, wie bist du verwöhnt!
Jener, der reist ohne Zeichen von erlangter Macht oder erwirt-
schafteten Vermögens, wird für andere leicht zu einem Son-
derling. Nur das hast du erlebt? Keine anderen Abenteuer?
Mein fernes und unbekanntes Berlin, mein Nordpol, der zu
entdecken war, mein Abenteuer - war von Zagreb nur etwa
tausend Kilometer entfernt. Und doch war es für mich jener

sogenannte weiße Fleck auf der Landkarte, ein unbekanntes Gebiet und nicht nur ein literarisches Unterfangen.

Und so wußte ich damals nicht einmal, welchen Proviant man auf diese Reise mitnehmen muß, welche Kleidung, welche Medikamente.

In meinem Koffer im September 1966 fanden sich ein paar Wintersachen, Papiere mit Notizen, das Fragment von Stančićs Mondkind auf dem Stück Leinwand, die Formulare für die Bewerbung an der Film- und Fernsehakademie, zwei Lyrikbände, in einem das Tabakladengedicht von Fernando Pessoa, die Tagebücher von Kafka.

Ein Ausflugsgepäck, schnell zusammengestellt.

Aus dem ersten Berliner Untermietzimmer zog ich wegen der eifersüchtigen Hausfrau gleich aus und dachte, alles wiederholt sich. Die Dachwohnung in der Mommsenstraße fand Benno. Von dort aus ging ich jeden Tag zu den Akademievorlesungen und kam zurück in das kalte Zimmer. Das Stipendium betrug vierhundert Mark. Mit sechsunddreißig führte ich wieder ein Studentenleben, aß in der Mensa. Das Zimmer in Zagreb mit den Büchern und Bildern war wie verloren. Doch ich spürte, es ist gut so, vielleicht wirst du nicht einschlafen, wie manche deiner dortigen Freunde. Das hier ist mein Nordpol, und als erstes kaufte ich mir dicke Wollstrümpfe und einen dicken schwarzen Pullover.

Das Jahr 1966. Die Zeiten der Wanderungen. Auf den Bahnsteigen des Bahnhofs Zoo stehen die ersten Fremden, die "Gastarbeiter" mit ihrem Gepäck. Sie kommen zur Arbeit hierher, man ruft sie noch.

In der Stadt warten die Fabrikhallen, die Bänder, die Maschinen und die Wohnheime.

Die Studenten in unserer Filmakademie hängen eine rote Fahne durchs Fenster, wir haben keine Vorlesungen. Holger Meins, der später den Hungertod im Gefängnis sterben wird, steht vor uns und spricht übers Filmemachen als ein Mittel zur Durchführung der Revolution. Manche essen belegte Brötchen, manche hören ihm zu. Ich finde mich noch überhaupt nicht zurecht, sehe zu, schweige. Die Härte, die Verzweiflung, sie waren alle so sehr jung, die empfinde ich aber sehr stark.

1966. Zu dieser Zeit kommt mit dem Bus aus Sućurac auch Bosa Gregurević nach Berlin. Sie ist achtzehn Jahre alt und hofft auf die Zukunft. Sie wohnt mit den anderen Frauen aus Split und der Zagora im Heim in der Flottenstraße, der ehemaligen Munitionsfabrik, dem ehemaligen Heim für Zwangsarbeiter im Krieg, dem ehemaligen Heim für Flüchtlinge aus dem Osten. Die jungen Frauen wohnen in einem Zimmer zu viert, der Portier des Heims kontrolliert alles, auch wann die Frauen nach Hause kommen. Ängste, Unbekanntes. Eine Frau wird am ersten Tag krank, verliert die Fähigkeit zu sprechen, wird nach Hause zurückgeschickt. Das erzählt mir Bosa zwanzig Jahre später.

In Zagreb malt Stančić weiter seine bleichen Mondkinder und schickt mir nach Berlin die Photographien der neuen Bilder.

Meine Mutter schreibt, daß sie Angst hat, allein auf die Straße zu gehen, in ihren Briefen Schleier der Melancholie. Die Schwester Nada heiratet, die andere Schwester, Vera, ist noch nicht fortgezogen nach Homburg.

Benno sagt, daß er jahrelang nicht mehr schreibt. Ich lese seine frühen Geschichten, die Hörspiele, wir sprechen bis spät in die Nacht hinein.

Karin ist vier Jahre alt, sie backt kleine Kuchen im Sandkasten. Ein blondes Kind, sehr zart. Wie heute. Filippo Esteban und Claudio Lange wissen noch nicht, daß sie nach dem Putsch Chile verlassen werden. Ingrid, Claudios Frau, weiß es nicht.

Viculin, der Regisseur, mit dem ich fürs Zagreber Fernsehen Filme gedreht habe, sitzt im kleinen Café in der Dežmanova und spricht mit unserem Assistenten über den neuen Film, den sie zum ersten Mal ohne mich drehen werden. Beide lebten noch.

Die Studenten zünden nachts in Berlin die Lieferwagen der Springerpresse an. Rudi Dutschke lebte noch.

Djurdja schreibt mir aus Samobor, dem Waldgebiet, daß sie mich nicht vergessen wird.

Die Freunde Sanda und Angel bekommen den Sohn Kiril.

Das Leben pulsierte noch, obwohl die Nacht in der Mommsenstraße, in der Klaićeva, schon in sich zukünftiges Unglück, zukünftigen Tod barg. Wenn ich heute mit geschlossenen Augen den Kopf an das Fensterkreuz des Mansardenzimmers zum Süden hin lehne, sehe ich sie noch alle, sehe sie gehen, sprechen, lachen.

Ich saß so im Zentrum dieses Nordpols Berlin und begann darüber zu schreiben. Die Kindheit, das Vergangene, meldete sich in der Fremde. So verging die Zeit.

Im Oktober 1966 zieht Benno mit einem Koffer in die Dachwohnung in der Mommsenstraße. An die Wand neben dem Mondkind hängen wir Bilder auf, die winzigen Kupferstiche des fast schon vergessenen Malers Marcus Behmer. Benno verläßt die Akademie, wo er Dozent war, wir versuchen den Strom des Schreibens zu wecken.

Was kann die Liebe alles?

In einer Nacht beginnt Benno zu schreiben, ein Stück über zwei Menschen in einem Regensommer in Dubrovnik. Erinnerungen, Biographie. Er entdeckt auch ein anderes Land, wir wandern hier wie dort durch Unbekanntes, jeweils für einen von uns. So teilen wir gerecht die Wut, die Liebe, das Staunen. Wir richten die beiden vorderen Zimmer der Dachwohnung ein. Ich streiche mit Ölfarbe die Küche in einem dunklen Blau.

Seitdem leben wir in zwei Städten, zwei Welten.

Türen öffnen sich, Türen schlagen zu. Das Muster der Zeit. Ich finde Freunde, verliere sie. Briefe füllen die Schubladen. Auch aus Leiden, wohin Freunde zogen, Berlin verließen.

Der alte Koffer steht auf dem Schrank.

Und am Pol taute der Schnee, und der weiße Fleck auf der Landkarte färbte sich langsam ein.


*Dachboden II.*


"... Die Urform allen Wohnens ist das Dasein nicht im Haus, sondern im Gehäuse. Dieses trägt den Abdruck seines Bewohners ..." (Walter Benjamin).

Die Geister der Dachwohnung in der Mommsenstraße sind aus vergangenen Zeiten. Sie nisten in den Holzritzen, im Staub und sind unruhig. Benno schreibt über sie.

Der Dachboden neben der Wohnung ist voll Gerümpel, voll Spinnweben. Schräge, splittrige Balken, Flecken vom Durchregnen, Verfall, Alter, der bröselnde Putz, die abblätternde Farbe, zerbrochene Ziegel, Schatten und Winkel, ständiger Durchzug.

— Es ist ein altes Haus. Schon immer alt gewesen. Die heute in ihm wohnen, wissen nichts von früher. Der einstige Hauswart, Jakob Skrowonski, wußte genug. Er ist tot. Jürgen und Dorothea, meine Eltern, wußten etwas. Sie sind tot. Damals war Tornow, der Bühnenbildner von der "Tribüne", in der Mommsenstraße gewesen, in den linken Mansardenkammern. Aber Edi Tornow ist fort. Hunger, Liebe, Tod, Vergessen. Nichtvergangenes Leben, kalt und deutlich. Ihr alle wolltet zurecht fort!

Benno ging eines Morgens auf den Dachboden neben der Wohnung, er wollte die Tür zum anderen Treppenaufgang öffnen. Die Dachdecker hatten sich angesagt, die Schlüssel der Tür befinden sich bei uns, damit wir noch einen Ausgang haben, im Fall eines Feuers.

Auf dem Dachboden befindet sich auch die alte Waschküche. Außer Frau Golisch benutzt sie niemand mehr. Auch an diesem Morgen wusch sie in ihr die Wäsche.

Benno lehnte sich an den Türpfosten der Waschküche.

Die große und schwere Frau Golisch saß auf einer Bank. Sie fing gleich zu erzählen an, besessen, ohne Rücksichtnahme auf die Stunde, den Tag, die Arbeit, die wartete auf ihn, auf sie.

Er will sie nicht unterbrechen, kann es nicht. Denn sie erzählt.

Wer in Tegel kontrolliert, wer nicht, in Tegel, wo ihr Sohn einsitzt. Er müßte sie bitten, die Tür offen zu lassen für die Dachdecker, wenn sie die Waschküche verläßt, er müßte auch zurück in die Wohnung, nur durch dünne Wände getrennt von den Böden unter den Ziegeln, den Gängen, Türen und Kammern, dem Warmwasserkessel, dem Ende des Hauses oben, dem Boden, der herumläuft um den ganzen Hof. Er müßte es aufschreiben, dies, das andere, vieles.

Nimm es auf, verschließ dich nicht, werde nicht verrückt vom Vielerlei, so sagt er zu sich selbst, denn du stehst ja in der Mitte des Stroms, es wird dir erzählt, hör zu. Und noch etwas ist, du hast es gleich bemerkt.

Ja, diese Waschküche ist das Doppel, das Gegenstück von der im Seitenhaus gegenüber. Die gibt es noch einmal. Mit den zwei Luken, dem Vorplatz, dem Oberlicht, der Tür zur Wendeltreppe nach unten, den beiden Türen, hinter denen einmal Klos waren. In der anderen Waschküche, der im Seitenhaus gegenüber, hat er selbst einmal gleich nach dem Krieg gelebt, gewohnt. Edi Tornow hat es ihm erlaubt, zehn Mark war die Miete. In der Stille des erweiterten Ganges, unterm Oberlicht, hatte ein Jüngling gestanden, den an den Binsen von der Decke herunterhängenden Brocken Verputz angesehen, den Atem angehalten, auf die Schritte des Briefträgers die Wendeltreppe hoch gewartet, auf Geld, etwas Geld in bar, Geld im Brief, hatte sich nicht gerührt. Es konnte auch der Gasmann sein, der ablesen wollte, kassieren, oder den Zähler plombieren, zum Stillstand bringen.

Aber daran dachte er jetzt nicht. An weniger. Nicht an so einzelnes. An alles. An das Geklumpe Leben da. Im Schweigen, im Knacken, unterm direkten Oberlicht im Flachdach.

In der Leere war nicht einmal mehr richtig vorstellbar, daß dort in der Kammer eine Hängematte gehangen hatte, daß im Eck zwischen Wand und Schornstein Regale gewesen waren. Mit Büchern, seinen. Und dort war es geschehen, da drüben waren sie alle einmal gewesen, Edi, und Dorothea, die Mutter, sein Vater. Wer denn nicht? Jugend, sich selbst unbekannte. Hunger, Verlangen, Überleben, und Tod.

Das geht ihm durch den Kopf, jetzt am Türpfosten des Gegenstücks, des Widerspiels, der Doppelgängerwaschküche. Auf ihrer Schwelle.

Da und nicht da. In verschiedenen, wie auch immer unvereinbaren Gegenwarten. Und die Golischin spricht, soll sprechen, nicht aufhaltsam sein. Denn sie sagt Geschichte, ihre, unsere, ist Brunnen, modriger, trüber. Quelle, Lebensfluß, Fluß, ist das Erzählen, mächtig, zerstört. Sie war damals noch nicht in diesem Haus. Aber sie ist mächtig, mächtig im Körper, in der ständigen Klage über zerstörtes, sich weiter bewegendes Leben. Sie ist Gegenwart. Bewegt dem am Pfosten Lehnenden die, die drüben gewesen sind. Dort heizten. Die Wrasenklappen aufzogen am Schornsteinschacht. Dort lebten, spiegelverkehrt, wie die Golischin im Reich des Krams und des Jedentags.

In der Wohnung klingelt das Telephon, ich laufe auf den Dachboden, zu den beiden in der alten Waschküche. Der Strom des Erinnerns ist unterbrochen. Der Tag, seine Störungen und seine Gesetze sinken nieder auf diese Vergangenheit, aufs Haus.

Benno telephoniert zerstreut.

Auf dem Schreibtisch liegt unbeschriebenes Papier.

Rechts, aus der Dachluke der Waschküche, steigt weißer Dampf.

Die Golischin ist noch dort und wäscht.

Links, jene kleinen Fenster der Doppelgängerküche sind geschlossen und wie blind.

40

Ich sitze in der Mitte von alldem, weiß, dies ist schon lange ein Leben zwischen dem Gestern und Heute. Ich sitze inmitten des Dachbodens eines Hauses, das Flügel hat, einen linken und einen rechten, und diese Flügel sind oft lauter als das, was man in der Mitte hört.

*Der geschriebene Stern.*

Stehe ich in der blaugestrichenen Küche vor dem kleinen Mansardenfenster - auf dem Boden zwei Behälter, es regnet einmal wieder durch - und spreche ich mit der jungen Karin oder Filippo, der als Geflüchteter in Berlin lebt, dann sehe ich mich als einen komischen Vogel oben auf dem Dach, den oder jenen zitierend. Und was sehen die anderen? Die sich bewegenden Lippen einer älteren Frau? Oder vergessen sie es? Die Unterschiede, die Fremdheit. Ich hatte laut gesagt, ich habe keine Lust mehr, zum hundertsten Mal über die Verschiedenheit dieser oder einer anderen Stadt zu reden. Ob die Verkäuferin im Brotladen freundlich ist oder nicht, ob eine zu rigorose Ordnung waltet oder nicht, ob die U-Bahn einem Totenwagen ähnlich ist, ob der eisige Schlaf herrscht. Belyj schrieb 1922 über Berlin als ein Reich der Schatten: "Sie leben ja überhaupt nicht." Er beschrieb Marina Zwetajewa die Bäume hier als Bäume, die es nicht sind, suchte in ihnen die Singvögel. Aber er hat in Berlin nur drei Jahre gelebt, war nur zu Gast. Ich lebe hier länger, fremd im Unfremden, unfremd im Fremden. Verliere die Frische des Blicks. Oft gibt es nur den Alltag, und der ist zermürbend wie überall. Filippo fragt, ob ich die Verantwortung für das, was hier geschieht, ablehne?

Ich denke, wir verlieren das Zentrum, das geistige Zentrum, etwas, was unser Leben noch zusammenhält. Und ich wünsche mir, wie Lidija Tschukowskaja, jeden Tag eine Dichterin zu besuchen, sie zu beschreiben, ihren Gedichten zuzuhören. Sie tat das in den Jahren 1939/40 in Leningrad, ging jeden Tag, jede Nacht zu Anna Achmatowa, schrieb ein Tagebuch über die Zeit. In diesen Aufzeichnungen finde ich die genaue Beschreibung der Achmatowa - und nichts sonst, nichts beinah über den Hunger, die Verhaftung des Ehemanns der Tschukowskaja, nichts über ihr persönliches Unglück. Jeder Tag ist aufgeschrieben, jeder Morgen oder Abend: nur Anna, ihre Krankheiten, das kleine Untermietzimmer, ihre Ungeschicktheit, ihre Poesie. Sie tranken heißes Wasser, wenn sie keinen Tee hatten, teilten das letzte Brot, die letzten Nachrichten über die Verhafteten, und sie sprachen ständig, ohne Rücksicht auf all das um sie herum, besessen über Literatur. Können wir das nicht mehr? Anna rezitierte ihre neuen Gedichte, Lidija merkte sie sich, lernte sie auswendig. Anna zerriß dann das Geschriebene.

Doch sie wußte, die Gedichte leben in Lidija weiter, sind aufbewahrt, und sie wird sie einmal, in einer Zukunft, zu Papier bringen. Die Achmatowa sah manchmal aus wie eine junge Frau, manchmal wie eine alte. Sie kleidete sich in feine Seide oder ging zerrissen. Die Frauen überquerten, sich an den Händen haltend, die breiten Straßen, denn die Dichterin traute sich nie allein über einen Fahrweg. Sie hielten sich auch sonst an der Hand, helfend, überlebend. Oft verschwand die Achmatowa hinterm Paravent mit ihrem Bett. Die Flucht in die Krankheit. Und sie lag dort, tagelang. Lidija brachte ihr eine Suppe oder ein Heft. Und sie hörte zu, den Erinnerungen, den Gedichten. Dieses arme, elende Leben der Tschukowskaja besaß damit ein Zentrum, eine Liebe außerhalb des Faktischen.

Ich bin in der blauen Küche und denke, ein Zentrum sind vielleicht die Bücher. Diese Bücher, die ich hier fand, in einem reichen Land, reich an Übersetzungen. In der Küche nun das warme Licht, und ich reise auf den anderen, geschriebenen Stern. Ich denke schon lange, diese Reisen werden uns bleiben. Und wenn es das gibt, dann ist es unwichtig, oder weniger wichtig, wo wir uns befinden. Ob der Passant auf der Straße lächelt oder nicht. Solange es uns gibt, könnten wir den Stern suchen.

Es ist ein geschriebener. Ich muß mich abfinden damit, daß ich nicht zu einer lebendigen Anna gehen kann. Doch die Nachrichten über solche Besuche haben Einfluß auf die Träume. Sie nehmen vieles in Besitz, fließen ein ins Erinnern.

Benno sagt, er wisse nicht mehr, wo er lebt, erkenne nicht mehr das Ehemalige im Jetzigen, in ihm leben mindestens zwei Berlins.

Ich drehe den Kopf zum Fenster, zu jenen linken Fenstern der Doppelgängerküche, hinter denen einmal seine toten Eltern lagen.

Der ferne, geschriebene Stern zerbröckelt dann.

Filippo erzählt, wie er nachts lange mit Freunden im Café saß. Als er nach Hause wollte, fuhr keine U-Bahn mehr. Er hielt eine Taxe an. Er hatte noch acht Mark und Schecks, sagte der Fahrerin, sie solle zu einem chilenischen Restaurant fahren, dort könne er die Schecks wechseln. Aber sie blieb da nicht stehen, fuhr einfach weiter. Er fragte sie, wohin sie denn fahre, sie schwieg, hielt zwei Straßen weiter bei einem Taxistand. Sprang aus dem Wagen, lief zu den Kollegen. Die kamen drohend zur Taxe, einer fragte, warum er nicht zahlen wolle. Der andere sagte, er habe die Fahrerin bedroht. Filippo sah sie kreidebleich neben den Kollegen stehen. Die hatten auch schon die Polizei gerufen. Zwei Polizisten nahmen ihn auch gleich mit. Er konnte niemandem etwas erklären. Auf der Polizeistation entnahm man ihm Blut. Natürlich habe er was getrunken, sagte er. Und zahlen wollte er auch. Als er fort durfte, war es schon morgen. Wieder hielt er eine Taxe an. Die fuhr ihn zum Restaurant. Dort wechselte er die Schecks, zahlte. Diesmal klappte alles. Der Fahrer grüßte, fuhr davon. Nun wartet Filippo auf die Anzeige.

Er sitzt in der Küche und versucht zu verstehen, warum er eine ganze Nacht auf der Polizeiwache verbringen mußte. Was war mit der Taxifahrerin gewesen, woher diese ihre Angst? Natürlich, so etwas passiert einem leicht, wenn man nicht genügend Geld bei sich hat, ein Ausländer ist, die Kleidung abgetragen. Alte Erfahrungen in den Städten. Achtung nur noch vor dem Anzug. Wenn man in einem Pelz auftaucht, begegnet man dir anders. Bei der Fremdenpolizei, bei den Behörden.

Der Stern ist weit weg, in einer anderen Zeit.

Wir trinken Kaffee und schweigen. Ich kann Marina Zwetajewa oder Anna Achmatowa nur in der Erinnerung besuchen.

Ist die Müdigkeit vollständig, kann ich schreiben wie im Traum. Viele ausgedrückte Zigaretten im Aschenbecher, der Gedanke an einen kranken Freund in Zagreb, der zu viel geraucht hat. Ein wenig Angst, es ist vier Uhr früh, wird hell. Kein Gedanke an die Wolke, die im vorigen Jahr aus Tschernobyl kam, die Augen im Spiegel glasig, der Mund stumm. Die

Dielen unter den Füßen quietschen, der Dachboden zeigt im fahlen Licht die Nacktheit seiner Wände. Und Erinnerungen an das Jahr 1954. An den Jungen, der in der kalten Waschküche, der Doppelgängerküche gelebt hat, schreibend, ohne Geld. An seine Mutter Dorothea, die plötzlich Stimmen vom Dach her hörte, Wesen sah, die sie verfolgten. An den Vater, der irgendwo in Bayern Arbeit suchte und sie nicht fand. Man lebte von Sonnabend bis Sonnabend, dann bekam er an der Kasse der Zeitung das kleine Honorar für eine Geschichte. Die Mutter fing an, unzusammenhängend zu reden, wollte aber zu keinem Arzt. Ein Psychiater, der ins Restaurant kam, wo sie oft saß, sagte, sie müsse in eine Klinik. Zu der Zeit waren die Krankenhäuser überfüllt, es gab wenig Essen, die psychisch Kranken lagen oft im Gang, gefesselt an die Betten. Der Vater hatte kein Geld für ein privates Sanatorium. Und er war sehr müde geworden, von der Suche, von den Mißerfolgen. Er wußte, er würde nicht mehr auf die Beine kommen, wußte, seine Frau war unheilbar krank. Er wollte, konnte sie nicht in eine Anstalt sperren. Schrieb zwei Briefe. An seinen Sohn und seine Schwester. Bekam von jemandem Pillen. Sie nahmen sie beide in der Nacht zum Montag, an dem Tag sollte die Mutter in die Klinik kommen. Als die Krankenwärter kamen, und damit hatte er gerechnet, fand man sie. Sie lagen zusammen im grauen Gang vor der Waschküche. Der Sohn war in diesen Tagen nicht zu Hause, er wohnte bei Freunden. Das tat er immer, wenn der Vater zu Besuch in Berlin war. Man benachrichtigte ihn. Doch alles war geschehen, nichts mehr veränderbar. Der Himmel kalt wie der Tod.

Nach einem Monat hörte Benno auf zu sprechen. Die Freunde sammelten Geld und schickten ihn fort aus Berlin.

Dann kam er zurück, zurück in die Waschküche, in die Vergangenheit dieses Hauses in der Mommsenstraße. Dann hörte er auf zu schreiben.

Die Bilder sind bleiern, kalt. Dauern bis zum Morgen, bis zu den ersten geschriebenen Zeilen. Bis zur Müdigkeit, jener, die die Netze von den Gedanken hebt. Immer gibt es Leben und Tod innerhalb einer Wohnstätte. Die aufgeschichteten Krankheiten und die Gesundung. Die Ränder der Erinnerung, das Schreiben auf der Folie, die über dem Vergangenen liegt. Und die Äste der Zeit wachsen durch die Wände, durch das Dach. Wie ein Baum, über den Vögel und Wolken ziehn.

So wohnt man innerhalb der Geschichte des Hauses.

Bleibt stehen zwischen zwei Ländern.

Hebt die Deckel von den alten Truhen.

Ich sehe die zu kurz gewordenen Kleider, die zerdrückten Kappen. Jene schwarzen Wollstrümpfe aus dem Jahr 1966. Ich gehe durch die Zimmer, empfange mit geschlossenen Augen die Nachricht vom Tod des Freundes weit weg in Zagreb, in einem Zimmer mit Balkon in der Schrotowa, müde geworden von der Krankheit. In einem Zimmer, in dem wir oft zusammen waren, Kaffee tranken, lachten. Ich schließe die Schublade, in der die Briefe liegen, auch seine, sehe nicht die alten Photographien an. Höre immer lauter die Straße unterm Dachfenster, schließe es. Höre, wie Anna Achmatowa am 4.8.1940 in Leningrad sagt: "So ist eben mein Leben, meine Biographie. Und wer kann sich von seinem eigenen Leben lossagen?"

*Das Kreuzworträtsel.*

Wir leben vom Gedächtnis. Kennen oft nicht den Zauber der Fiktion.

Die Zeit ist wie eine Kreuzworträtselzeichnung. Das vertikale und waagrechte Erinnern kratzen wir ein ins Papier.

Ich sitze im Atelier von Klaus Hohlfeld, sehe mit Annerose, mit seinen Kindern die alten Bilder von ihm an, jene, die er während eines Stipendiums in Rom gemalt hat. Auch von ihm beinah schon vergessen, sind sie nun für ihn und Annerose wieder Gegenwart, aufbewahrte Zeit. Auch Bilder sind gemalte Reisen zu diesem Klumpen Leben, das war.

Ich sehe in einer Villa in Wannsee, in einem kleinen Projektionsraum, alte Filme von Benno und Peter Lilienthal. Ein flimmerndes, graues Berlin, Schrottplätze, Bretterzäune, im Regen glänzendes Kopfsteinpflaster. Und ich höre den Erzählungen von der alten Rennbahn zu, die es nicht mehr gibt.

In Zagreb packe ich die Sachen aus dem Koffer, öffne die feuchten Schränke, die Fenster. Ein kurzer Blick nur zum Uhrturm der Kirche des Heiligen Blaž, und schon bin ich dort, bin elf Jahre alt, trage Schleifen in den Zöpfen. Um mich herum beten die alten Frauen, dort steht auch ein Soldat in brauner Uniform, mit dem U auf der Kappe, dem Zeichen des Ustaschastaates, der Quislingregierung. Man singt das Ave Maria, draußen dröhnt die Marschmusik, die schweren Lastwagen, die deutschen Schlager, der Krieg. Auf den Zäunen der alten Stadt Zagreb die großen, weißen Papiere, mit den Namen der Geiseln, die im Morgengrauen erschossen wurden. Las ich sie damals, oder weiß ich darüber aus Büchern mit Photos, die nach dem Krieg erschienen? Man sprach in der Familie nie über den Krieg, nie vor uns, den Kindern. Mit langsamen Schritten und gedemütigt wegen meiner damaligen Unwissenheit verlasse ich die Kirche des Heiligen Blaž und bin wieder im Zimmer mit dem halbausgepackten Koffer.

In Berlin beginne ich Orte zu photographieren, außerhalb des Zentrums, suche die Randbezirke, die Vergangenheit, die Häuser, verlassen von denen, die weggehen mußten und deren Bücher ich heute lese. Schatten auf der Zeichnung, dem Rätsel.

In der Vitrine in Zagreb werden die Porzellantassen grau vom Staub. Staubig auch die Kissen. Der Kopf, der auf ihnen ruhte, der Hals, Nacken, alles das war. Wie auch alle Irrtümer des Lebens, des Lebens zu zweit, zu dritt, mit Mama. In dem Rückwärtsblick bekommen dann wieder die Gesetze der bürgerlichen Familie das Vorrecht. Haus, Anschaffungen, die dummen Kinder. Das Leben in den Wohnungen mit Plüschsofas, mit der langen, stillen Dämmerung, in der sich nichts rührt. In die nie ein Blitz einschlägt, der erleuchten würde die Welt, oder das, was außerhalb dieses Familienlebens geschieht.

Jede Nacht in Zagreb ziehe ich mich mühsam heraus aus der Umarmung von Freunden, die vom Schrecken der Provinz erzählen. Ich weiß. Alles das weiß ich.

Was ich über das Leben anderswo berichte, das befriedigt nicht ihre Vorstellungen vom Westen. Ohne sie auf irgendein aufregendes Ereignis zu vertrösten, nage ich am Knochen des Erlebten. Das werfen sie mir vor.

EIN PAAR BRIEFE VON BERLIN NACH LEIDEN UND UMGE-
KEHRT.

Liebe Freundin, Berlin, den 29. 9. 81

"Denn alle Dinners sind gekocht; die Teller und Tassen
gespült; die Kinder in die Schule geschickt und in die Welt entlassen; von alledem bleibt nichts. Alles ist vergangen. Keine
Geschichte oder Biographie weiß darüber ein Wort zu sagen."
Henriette, was würde Virginia Woolf heute sagen, und was
zu unseren Fragen? Du möchtest fliehen vor deiner Professo-
renkarriere in Leiden (wieviel Zeit ist vergangen, seit ihr aus
Berlin weggegangen seid? Zwei Jahre, nicht wahr?) und möchtest nur schreiben. V.W. verlangte für schreibende Frauen ein
Zimmer und die materielle Unabhängigkeit. Wir meinen vielleicht noch etwas anderes. Aber über das Zimmer, darüber
werde ich dir noch schreiben.

Es gibt die Anstrengung, die Arbeit, eine Form zu finden für
jenes, was wir Unausgefülltheit nennen. Ist es genug, etwas Dif-
fusem Ausdruck zu geben, es mitzuteilen, indem man sich
diese Briefe schreibt? Diesen Tagesgedanken von einigen
Frauen aus dem Jahr 1981, die scheinbar nicht einzubringen
sind in andere, gängige Literaturformen? Ist es ein zu heben-
der Schatz, Alltäglichkeiten, ungenaue Angst oder das Protokoll einer Not? In jedem Fall sollte es kein folgenloses Spiel
sein.

Zuerst: erzählen. Das ist schwer. Nicht nur diese oder jene
Meinung liefern. Den Traum befragen, die Wünsche.

Die Existenz ausgerichtet aufs Zimmer ist nicht nur Flucht,
abgesehen davon, daß man in ihm auch schreibt. Die Zimmer-
existenz war mal ein bürgerlicher Traum; wie jener vom

eigenen Haus. Ich denke, wir haben dieses Zimmer durchlässig gemacht für Leute, Geschehnisse, das soziale Umfeld. Manchmal sogar gefährlich durchlässig, wenn man an die Ökonomie der Zeit denkt. Aber das Schreiben muß nicht gereinigt sein von allem, was es stört, was ins Zimmer hereinschneit. Ich polemisiere nicht mit V.W., aber es gibt den Zauber der Unsicherheit, wenn man Gedichte nachts schreibt, mit schiefem Hals, auf den Knien, auf dem Boden. Für alles das kenne ich keine Regeln. Du weißt es, ich mochte nie vorgewärmte Teller, den stillen Garten einer Villa, einen Barockschreibtisch. Sicher, alles das ist abhängig von der Lebensweise, meine war immer in irgendeinem Durchzug, zwischen offenen Türen. Ich will sagen, die Zeiten haben sich geändert. Wir sind nicht mehr die höhere Klasse wie jene in England.

So war ich auch kein exotischer Stern, wie du schreibst, damals, 1961, auf der Insel Lošinj. Ich war die Übersetzerin von Erich Kuby, er hat mich dahin eingeladen, wollte, daß ich dich kennenlerne. Ich erwartete ein Mädchen oder eine Fee, wußte, du bist viel jünger als er. Auf Lošinj war ich dann nur erstaunt.

Du warst nicht das eine, nicht das andere, du warst aufmerksam, klug, herzlich. Ihr hattet alle wichtigen politischen Bücher gelesen, die halbe Welt bereist. Ihr habt nackt gebadet, und ich saß wie eine verstaubte Nonnenschülerin im Badeanzug am Strand und sah euch zu. Ich sah die Stadt, aus der ich kam (ihr kamt aus München damals), als eine Hemmung mitzuhalten und als eine Chance: weil so glanzlos. Ich war dreißig und noch nie in Paris gewesen. Du hast mit E.K. am Auschwitzbuch gearbeitet, ihr habt gekämpft gegen die atomare Bewaffnung, und alles das schien für mich das richtige Leben, die richtige

Liebe. Später hast du gesagt, es war ein Schwebezustand, eine Überanstrengung. Ich sah, daß keine materiellen Sorgen jene Tage beschwerten, du schenktest mir deinen kleinen japanischen Transistor, meine Mutter hat ihn immer noch.

Ich zog mich bis 1960 vom Altkleidermarkt an, bewunderte deine Stoffe, die Perserkatze, mit der ihr reisen konntet, das schöne Frühstück auf der überfluteten Sonnenterrasse. Wie hätten wir also sprechen können? Es waren sorglose Ferien. Ich merkte nur, daß es eine dünne Glaswand gab zwischen dir und der Welt, eine Scheu. Wenn wir ihn nachholen könnten, diesen Sommer, dann könnte er ein Kern sein oder ein Beginn für vieles, was nachher passiert ist.

Erst sechs Jahre später kam ich nach Berlin. Ich war etwas jünger als du heute. Es ist so ein Alter: für Entscheidungen.

Keine Not trieb mich fort, ich war planlos, wie schlafend. Und die Fremde brach ein in mein Leben wie eine Faust. Ich lernte die Situation des "Fremden" kennen. In dieser Stadt gibt es die Konzentration solcher Situationen, und es gibt die Solidarität, die Hilfe. Aber die Angst vor dem Bürgertum, die lernte ich erst später.

Benno schreibt. Das Telephon klingelt zu oft. Ich übersetze etwas für den Arzt von Ljubo, dem Bauern aus Zelina. Koche. Soviel für heute, so wenig. Werde immer knapper. Müdigkeit.

V.

Vesna,                                    Leiden, den 8.10. 81

"Es gab keinen Augenblick, wo mir das Schreiben wichtiger
war als das, was (ins Zimmer, ins Leben) hineinschneite und
es störte", antwortest du mir auf all meine zweifelnden Gefühle
über Beruf, Schreiben, unabhängig leben.

Ich kann mir kaum vorstellen, daß eine Schriftstellerin das
sagt, ich würde es jedenfalls nicht sagen, wenn ich eine wäre.
Aber so, wie du dann fortfährst, wie du ein Stückchen deiner
Vergangenheit in deinem Brief an mich hervorhebst, verstehe
ich dich. Ich verstehe es aus deiner Herkunft, deinem Frausein
und den langen jugoslawischen Jahren. Meinst du nicht, daß es
eine Mischung aus Ängstlichkeit und Mut ist, die dich das
sagen läßt? Ängstlich warst du vor dem "großen" Leben im
Westen und mutig mußtest du werden, als du dir dieses Leben
von nah angucktest. Diese verrückte Mischung rumort ja in
vielen Frauen, und wenn sie teuflisch ist, neutralisieren sich
beide Komponenten: zuviel Angst, um einen Sprung zu wagen,
zu viel Mut, um sich resignativ ins so weit festgelegte Schicksal zu fügen. Es kommt dann etwas Schwebendes heraus, das
ich oft bei mir selbst fühle.

Wie damals auf Lošinj. Ich schwebte, du sagst es selbst: eine
Glaswand, eine Scheu. Und so rührte ich mir, zwei Jahre bevor
wir uns am Strand trafen, die Mischung ein:

Mit neunzehn, gleich nach dem ersten Studiensemester Psy-
chologie, das mich nur verunsicherte, ergriff ich mit geradezu
somnambulem Instinkt für mein kompliziertes Innenleben die
sich fatalerweise und glücklicherweise bietende Gelegenheit,

um mich in den Jugendfreund meiner Mutter zu verlieben. Mit einem Paukenschlag nahm ich an jenem Abend auf den Wannseeterrassen Abschied von den alten Erwartungen und Gewohnheiten und folgte diesem 49jährigen Mann ins Reich der erwachsenen Liebe. 1959, Vesna! wo das Regelhafte noch gewaltig stark war, in der Mode, zwischen Jungen und Mädchen, Kindern und Eltern, in der Politik des Kalten Krieges.

Ich schluckte alles, die Reisen, die Liebe, die Probleme mit der verlassenen Familie, und vor allem mit der Kunst. Ein Schriftsteller; ein Journalist, einer mit Überblick nicht nur in täglichen und politischen Dingen, sondern auch in der Literatur.

Einer, der mit Besessenheit an der Schreibmaschine sitzt, aber grad so gut am Montag morgen Sekt trinkt. Kunst und Leben. Das versetzte mich in eine Art Hochspannung, unter diesen Umständen brauchte ich nicht allzu genau nach meinen eigenen Kunstträumchen zu schauen und schon gar nicht das Risiko eingehen, aus den Träumen auch Kunst zu *machen*. Der mit Mut gefundene Traummann war schneller, älter, erfahrener, gewandter, intelligenter, liebesfähiger, unkonventioneller, begabter und politisch linker als alle, auf die ich mich hätte berufen können, mich eingeschlossen.

Ich hatte keine Freundin. Wozu brauchte ich auch eine? Der Mann war auch Vertrauter. Aber ich mißtraute seinem Selbstbewußtsein. Das wäre mit einer Freundin zu besprechen gewesen. Sie war nicht da, ich hatte meine Schulfreundinnen beim Sprung in die neue Welt verloren, und sie hätten das alles auch nicht verstanden.

Nur du bist aus dieser Reihe übrig geblieben, du aus dem Land, in dem E. das Jahr 1934 als Vierundzwanzigjähriger verbracht hat, um sich zu überlegen, ob er den Faschismus von draußen beobachten sollte oder aus dem Gehäuse der inneren Emigration. Dich holte er, fünf Jahre nach unserer ersten Begegnung in Lošinj, nach Berlin, wo du Benno mit Energie und Ausdauer aus seiner verqueren Vergangenheit zerrtest.

Schon sehr bald mischten sich Depressionen und Zweifel in meine Glücksgefühle. Viel ließ sich auf das Stereotyp des hübschen Mädchens schieben, das sich von einem älteren Herrn aushalten läßt. Der Mann lachte nur und bewies mir, wie ich selbst mitwirkte an diesem Stereotyp, indem ich es allen unterstellte.

Ich lernte von seiner Radikalität und "überlebte" in seinem Windschatten die verheerende Spießigkeit der Zeit. Heute weiß ich, daß es die ganze Zeit - immerhin mit Auslandsaufenthalten, die den Abbruch erzwingen sollten, sieben Jahre - um Unstimmigkeiten im Verhältnis von Kunst und Lebensform (wie du es nennst) ging. Ich wollte doch schreiben! Er hat getrachtet, die Lebensform zur Kunst zu machen. Verstehst du, deshalb die Perserkatze, das Klavier im Ferienhaus, das dich damals so beeindruckt hat.

Günter ist da und baut mit Johann einen Schuppen im Garten. Er fährt übermorgen mit uns im Friedenszug nach Bonn. Ich habe Paul unterbringen können und bin froh, daß ich ihn nicht mitnehmen muß. Wir sind alle gespannt und etwas ängstlich, wie es ablaufen wird.


H.

Zusätzliche Notizen, Henriette. Du schreibst, die Kunst befaßt sich mit der ganzen Welt. Und der Künstler, sagen wir Flaubert?

Er war ein Spezialist, ein Mönch, dreißig Jahre lang in einem Zimmer "... die Tiefe meiner Leere kommt nur der Geduld gleich, die ich aufbringe, sie zu betrachten..."

Im vierten Band des *Idiot der Familie* schreibt Sartre: ...Gustaves großer Fortschritt in der ersten Education sentimentale, genau jener, der es ihm ermöglichen wird, eines Tages Madame Bovary zu schreiben, besteht darin, daß er Jules die Ansicht verlieh, in der detaillierten Welt anwesend zu sein, das Ganze in dem geringsten seiner Teile und die gesamte Natur des Menschen in den unmerklichsten Regungen des Herzens zu finden... Wenn das Ganze nicht in seinen besonderen Bestimmungen als der Horizont des Einzelnen erfaßt wird, ist es nichts oder, was aufs gleiche herauskommt, die abstrakte Idee des Allgemeinen...

"Denn da das, was ich fürchte, die Leidenschaft, die Bewegung ist, glaube ich, wenn das Glück irgendwo ist, daß es in der Stagnation ist. Teiche kennen keine Stürme", schreibt Flaubert.

Ich meine, Henriette, dieses Innen und Außen. Es ist schwer zu entschlüsseln. Er lebte in einer Innenkunstwelt, über die Gründe des Rückzugs in die Krankheit können wir rätseln, er lernte Griechisch, las ständig, doch nicht der Erfahrungen, sondern der inspirativen Formen, Worte wegen, die ihn in den

Zustand der Inspiration versetzen sollten. Er brauchte nicht mehr die Welt außerhalb des Zimmers.


## II.

Der Wunsch nach Worten ohne Inhalt, den die Jahre ansammeln, die Gespräche, das Leben. Der Wunsch nach Stottern, nach Fetzen. Die Angst vor dem Verklebenden, jenem, was zudeckt, erwürgt, atemlos macht. Also der Gegenzug: die Abkoppelung von Ideen, Deutungen. Ein Keller ohne Licht, die Reise ins Eismeer, auf den Nordpol, ins Unsichere. Der Gegenzug: Sprache empfunden als Beklemmung, etwas Versöhnendes, wenn sie nicht Laut ist, Farbe allein, das weiße Bild, die unbewußte Strömung. Nur in der Kunst möglich. Das Mißtrauen gegenüber dem Gesagten. Warum so stark die Empfindung einer Kluft? Die Sprache, die ich höre, macht mich auch sprachlos.

Der Text als Schein? Lauter Fragen. Ein schäumender Fluß fließt ständig über uns hinweg - ich denke an die Sprache der Wissenschaft, der Politik, auch der Liebe. Ich erfahre den Schein, wenn ich nicht mitmache im Frage- und Antwortspiel. Ich lese Flaubert, und die Entfernung zu ihm ist ein Ozean. Auch ich lebe und liebe partiell und möchte doch Bilderstürmerin sein. Diese zweite Welt über uns hat nicht die Worte befreit. Die Gebilde der Kunst können Sehnsucht bleiben, wenn wir nicht zurückkehren zum Wort allein und was es meint. Nein, auch ich glaube nicht, daß alles geht. Auch ich glaube an das tödliche Gift vieler unserer Träume. Wenn wir die kreisende Reise beschreiben, werden viele es nicht mögen.

Alles, was ich ausspreche, ist sogleich auch vergangen. Ich möchte dich im Nichterreichen erreichen; lassen die praktischen Ratschläge. Mißtrauen dem Aufgeschriebenen gegenüber. Den Benennungen: Mutter, Schwester, Inhalt. Dem Namen Vesna gegenüber, den wir mir gaben, um Abstand zu gewinnen. Ich möchte mich nicht verkriechen unter die warme Decke von Briefen. Nur soviel, in Eile,

I.

Vesna - Irena,                          Leiden, 14.10. 81

so schnell willst du dich häuten? Willst nicht mehr Vesna
sein, sondern die alte Irena? Und ich? Ich werde nicht gleich
Abschied nehmen von Henriette.

Bonn war eine Festung. Vernagelte Geschäfte, kein einziger
Bonner in Sicht. Nur die 300 000 Friedensdemonstranten. Im
Hofgarten standen wir vier Stunden. Es fiel mir ein: wie ich
1966 in Bonn gegen die Notstandsgesetzgebung mitdemon-
striert habe, auch im Hofgarten. Da waren wir schon viele
gewesen, aber so wenige, daß wir uns in lockeren Gruppen auf
dem Gras lagern konnten. Ich habe zwei Bekannte getroffen:
eine Studienfreundin, die damals auch mit war, und eine Leh-
rerkollegin, beide aus Berlin. All die anderen Freunde und Bekannten, die da waren, habe ich natürlich nicht gesehen. Es war
wie ein endloser Film, die Gesichter. Neulich nacht sagte
Johann zu mir: weißt du, mich interessiert nicht so, wie wir un-
tergehen werden, mich interessiert viel mehr, wie wir vielleicht
die Katastrophe vermeiden werden. - Es war mir wie eine Er-
leuchtung, denn tatsächlich ist der unabweisbare Tod ja nicht
so interessant.

Mein stiller kleingewachsener Kollege, ein Anthroposoph,
sagte: Du warst in Bonn? Meine Hochachtung. Die Kollegen
schwiegen. Nicht aus Zustimmung, sondern weil sie an was
anderes dachten. Am Abend, bevor wir nach Bonn fuhren, war
'Prof-Treff'. Das ist hier noch eine Sitte aus der Zeit vor der
'Demokratisierung' 1970. Reihum ist einer Gastgeber. Mich
hat man noch nie gefragt, und ich habe mich noch nie angebo-

ten. Ich hatte Mühe, die klotzige Villa in den stillen Straßen und Parks zu finden.

Ich bin die letzte, die das geräumige Wohnzimmer betritt. Überall herrscht ein mittelmäßiger Geschmack, nichts wirklich häßlich, und von allem ist etwas zu viel da. Bilder, Goldrahmen, Bronze, Glas, Porzellan auf antiken Tischchen und Stellmöbeln.

Aufgehäufter Komfort von 30 Jahren; keine Kinder. Das Haus hat mindestens acht bis zehn Zimmer. Ein jovialer Herr, mein Kollege, mit einer lauten, warmen Stimme, die wohl seine Kurzsichtigkeit ausgleichen soll. Etwas angenehm Gewöhnliches ist an ihm geblieben, wie bei vielen wohlhabenden Holländern, z.B. die Schuhe, und die Art, wie er fragt, ob ich Hunger habe. Seine Frau ist eine gutmütige, ebenfalls beleibte Endfünfzigerin. Auf einem blitzenden Silbertablett serviert sie starken Kaffee in hohen Porzellantassen, später Käsestückchen und Salzgebäck zum Wein.

Lauter Herren, die mich Zuspätgekommene freundlich und zuvorkommend begrüßen. Holländische Spitzenbeamten. Die deutsche Kollegin - was haben sie sich da eingekauft? Oder sehen sie mich inzwischen als eine der ihren an? Ich würde das gern wissen. Zur Outsiderin in diesem Kreis macht mich weniger die Tatsache, daß ich sozialistische Gedanken im Kopf trage, als daß ich den Einfluß meiner Position nicht nutzen will und vielleicht auch nicht kann. Während sie ihre Macht wie Togas um sich drapieren, der eine eleganter, der andere unbeholfener, dieser schon etwas lässiger, der noch krampfhaft. Und dem ist sie zur zweiten Haut geworden. Wer noch außer dem jovialen Gastgeber, der nicht nur zweimal im Jahr in die Ferien fährt? Ja, Mark, der aus der großen Welt Zurückgekommene, boy it's a lot tougher over there. Befürworter der Einführung des principle of excellence auch an holländischen Universitäten. Die haben hier keinen drive, baby. Er selbst kam mit fünfzig zurück wegen der besseren Pension. Ungeduld und neurotische Aggressivität machen ihn auch bei seinen Freunden nicht beliebt. Ich werde aber nicht vergessen, wie er einen Abend mit Schweißperlen auf der Stirn auf unserem Sofa saß und uns von seinen Aktivitäten aus dem Widerstand erzählte. "Das hab ich seit 20 Jahren niemand erzählt", sagte er halb besoffen.

Dann A., auch um die fünfzig. Er hat volle weiße Haare und einen gewissen Tennisplatzcharme. Seine Frau ist auch so proper. Ein aufgeklärter Konservativer. Er brachte es in diesem universitären System fertig, jahrelang keiner einzigen Lehrverpflichtung nachzukommen, aus Protest gegen die demokratisierte Hochschulordnung. Das wurde geduldet, man ist tolerant in Holland. Wenn ich in die Hölle komme, wäre er nicht der schlechteste Kumpel.

Du willst also nicht zu mir sagen: laß die Uni, nimm einen Halbtagsjob, fang an zu schreiben. Das ist dir, trotz aller Schwierigkeiten im Materiellen, die ich dir beschrieben habe, zu einfach? Es "geht um mehr"? Ja, aber verdammt noch mal, um was? Doch wiederum ums Wort (hab kein Vertrauen in den Text, sagst du). Ratlosigkeit als eine Lebensform, die vor Üblerem schützt, siehe oben? Meinst du das? Bescheidenheit?

Johann nennt mich ein verwöhntes Biest. Sie hat'n Superjob und will nun auch noch Dichterin werden, das ist die Höhe.

Schreib mir. In Liebe, Deine

Henriette

Liebe Henriette, Berlin, den 15.10. 81

ich weiß nicht, was eine Schriftstellerin sagen kann oder darf. Ich wollte immer schreiben. Ob das schon heißt, Schriftstellerin zu sein? Ich wollte nicht die Außenhülle, das Erkennbare daran, nicht den großen Hut, verworrene Haare, das Signal. Bei uns war's nicht üblich. Und es hat mir hier geschadet und auch wieder nicht. Denn das Etikett hilft und zerstört gleichzeitig. Damals in Zagreb wollte ich nicht die Trennung Autor - Leben. Was ich mit der Produktion anfing? Teile von ihr flossen in Gespräche, Beziehungen, und das innere Schreiben ist auch Schreiben. Und wenn das, was das Schreiben oft stört, auch ein Schreiben ist, dann sieht das durchlöcherte Zimmer anders aus. Es geht auch um die 'untergegangenen' Gedichte, weil unveröffentlicht. Mein Suchen nach Freunden ist ein Suchen nach Mitarbeitern. Das kollektive Buch sowieso. Jedes Buch sind auch die anderen, die es nicht schreiben. Und umgekehrt, auch ich bin ungenannt in ein paar Texten, Bildern. Ich glaube an die anonyme Arbeit und an die Sterblichkeit der Texte, zumindest an ihre zeitweilige Vergänglichkeit, der sie anheimfallen, wenn sie nicht Siegesgeschichten sind. Ich glaube an die Ewigkeit des Plauderns einer Courths-Mahler und an die 'Vergänglichkeit' mancher Gedichte. Die Kunst mit anderen zusammen ist eine Lebensform, die Brüderlichkeit des Nichtgeschriebenen sollte im Gleichgewicht sein mit dem Aufgeschriebenen.

Frauen lernen spät, daß sie auch Frauen brauchen. Es ist die Ausgerichtetheit auf die Ehe, die Angst vor einer anderen, die den Mann wegnehmen könnte. Manchmal ist es auch das Spiel der Männer, um unsere Solidarität zu zerstören. Mein erster Mann verließ meinetwegen seine Frau. Die erste Feindin, die ich nicht wollte. Sie hat schnell wieder geheiratet. Aber wenn wir uns auf der Straße trafen, sahen wir uns nicht an. All dies wegen einem Mann! Er aber war zufrieden, glaubte sich umkämpft. Später einmal befreundete ich mich mit so einer Gegnerin. Ihn, den sogenannten Untreuen, hat das so sehr gestört, daß er am Ende für keine mehr von uns ein Interesse zeigte.

Was liebte ich einmal an ihm? Er war schweigsam. Meine junge Wehleidigkeit stieß auf Granit. Er war arm. Es war der Kampf gegen den Vater, gegen die bürgerliche Welt. Er schrieb, wir konnten zusammen arbeiten. Bei unserem ersten Zusammentreffen brachte er Essen mit, weil ich hungrig war. Ich war gerührt. Und ich konnte nicht allein sein. Was mir später an Gefühlen fehlte, holte ich mir bei Stančić, dem nun toten Freund. Seine Leidenschaft, Vehemenz, Kreativität kittete die etwas dürre Landschaft unserer Ehe.

Auf Lošinj damals beschäftigte ich mich noch mit den Gedanken über die Unterschiede unserer Lebensformen. Daß du schreiben wolltest, das konnte E. damals nicht erkennen. Der Sommer war viel zu kurz für uns alle. Ich habe nichts gefragt, ich wußte die Fragen nicht. Du warst aus einem anderen Land, du warst zehn Jahre jünger, die Hexe spielen will man nicht immer. So trennten wir uns. Sahen uns wieder 66 in Berlin.

Ein Mensch kann uns nicht die Welt ersetzen. Das lernte ich von B. Und er läßt mir, was ich in Ingrid, Claudios Frau, liebe, wie auch das Schreiben. So vergeht die Zeit. Wir reisen nach Zagreb, leben da, kommen zurück. Ein unruhiges, unabgesichertes Leben. Willst du das wirklich?

V.

Liebe Vesna,                                    Leiden, 28.10.81

Ich komme durchgedreht von einem 'typischen' Institutstag
nach Hause, den ich dir beschreiben will, um dir anschaulich
zu machen, in welchen Lebensformen ich stecke, und vielleicht
auch als Entschuldigung für meine Ungeduld und Unruhe.

Um 6 Uhr hoch - ohne Wecker. Ich muß nicht aufstehen, aber
ich tu's in den letzten Monaten oft, um mir die Abende von In-
stitutskram und wissenschaftlicher Lektüre freizuhalten. Auch
sind das schöne zwei Stunden, mit dicken Socken sitze ich unter
der hellen Lampe und sehe draußen auf dem Singel die ersten
Busse fahren, der Nachbar geht zur Arbeit.

Heute morgen lese ich die Diplomarbeit einer Studentin. Sie
ist dreißig Jahre, hat ein Kind, lebt allein, studiert seit vielen
Jahren und hat dabei fast nichts gelernt. Nun muß sie den Abschluß aus finanziellen Gründen haben, und sie weiß, daß ich
das weiß. Und ich bin eine Frau und sie ist eine, beide haben
wir ein Kind und wissen, wie schlecht man mit einem Kind arbeiten kann; außerdem hat sie eine Halbtagsstelle. Sie steht
mit dem Rücken zur Wand - ich auch. Niemals wird sie irgend-
einen wissenschaftlichen Artikel schreiben können, das auch
nicht wollen, aber mit dem Abschluß in der Tasche kann sie,
so sind die Verhältnisse hier - immer noch glatt eine Unistel-
le abstauben und Studenten ausbilden.

9 Uhr 20 mit dem Zug nach Utrecht, die Strecke fahre ich
mindestens einmal, oft zweimal im Monat. Die Verwaltung der
Universitäten und des produzierten Wissens wird immer kom-
plexer, gesteuerter, du kannst dir nicht vorstellen, wie viele in-

teruniversitäre Organe errichtet werden, die Sitzungen abhalten - und Utrecht liegt in der Mitte von allen Universitätsstädten: Amsterdam, Groningen, Rotterdam, Leiden, Nijmegen. Ich bin Mitglied von einem Dutzend verschiedenen Vereinigungen, Arbeitsgruppen, Forschungsorganen, interdisziplinären Zusammenschlüssen - ich habe gar nicht mehr das deutsche Vokabular zur Verfügung, und so was hab ich in Berlin auch nie mitgemacht. Aber es wird inzwischen für viele Hochschullehrer genauso sein wie hier. Und die holländischen Unis werden im Zug der ökonomischen Krise mit einem Sparprogramm konfrontiert, das sie seit ihrem Bestehen noch nie erlebt haben.

Ich bin die Vorsitzende des Vorstands der Vereinigung X, in der sich meine Berufskollegen organisiert haben, um Forschungsgelder an Land ziehen zu können. Dazu müssen Forschungsprogramme aufeinander abgestimmt, umgeschrieben, mit Prioritäten versehen werden. Ich habe aber nicht den Eindruck, daß meine Funktion der Vereinigung viel Nutzen bringt, da ich das Lobbyspiel nicht gut genug beherrsche und mich auch weigere, es gründlich zu lernen. Ich kann die Spielregeln nur oberflächlich (Johann findet das skandalös) und verlasse mich mehr auf meinen Widerwillen.

Zum Beispiel heute. Uns liegt das Protokoll der größten Stiftung zur Finanzierung von Bildungsforschung vor, in dem ein Forschungsantrag, den eines unserer Mitglieder gestellt hat, mit hanebüchenen Argumenten abgelehnt wird. - Das Protokoll wird ausgiebig diskutiert, es werden aber keine wirklichen scharfen Gegenzüge verabredet. Das ist verständlich, denn die meisten jüngeren Wissenschaftler sind auf die Forschungsgelder von dieser Stiftung angewiesen und wollen sich's mit ihr nicht verderben. Ich hab's mir bereits verdorben.

Zehn nach eins wieder nach Leiden zurück. Der halbe Tag ist weg. Im Institut große Aufregung, einer meiner Kollegen hat der Universitätszeitung ein Interview gegeben, in dem er unseren Fachbereichsrat angreift wegen einer stellenpolitischen Entscheidung, die für seine Abteilung sehr ungünstig ist. Dabei hat er geäußert, ein Drittel des wissenschaftlichen Personals sei so unqualifiziert, daß man es entlassen sollte. Das ist der aus Amerika Zurückgekehrte, er haut öfter einmal auf den Putz, aber dies hier ist gefährlich in Zeiten von Sparmaßnahmen. Hektik in der Kantine, eine Gegendarstellung wird beschlossen, an der ich mich beteiligen werde, obgleich ich schon weiß, daß das wenig Sinn haben wird.

Halb drei bis fünf Projektsitzung zusammen mit meinem jungen Kollegen Tom. Wir wollen mit den Studenten bildungspolitische und städtebaupolitische Probleme erörtern, die in einem Stadtviertel von Den Haag sichtbar werden, und zwar in ihren Auswirkungen auf die da massiert lebenden Ausländer (hauptsächlich Surinamer und Marokkaner). Das sind die Stunden meiner Arbeit, die mir Spaß machen. Tom kennt das Viertel wie seine Westentasche und hat da schon viele Projekte gemacht. Ich komme endlich wieder in Schulen.

Aus. Müde. Nach Hause. Johann den Krempel erzählt, der in der Küche steht und den Kopf schüttelt, mir erklärt, wie er es machen würde, wenn der und der ihm dumm käme. Tja ...

Mir gefällt dein Gedanke sehr gut, Gespräche als besondere Produktionsformen anzusehen. Du glaubst, "Plaudern" ist ewig - schon gar, wenn's um Ruhm und Erfolg geht. Deine Polemik (eine alte) gegen den Erfolg! Ich kenne auch keine erfolgreichen Leute näher, alle unsere Freunde leben irgendwie neben dem Erfolg. Die einzige große Ausnahme für Johann war Dessau, der Komponist.

Überhaupt wird mir klar, seit wir uns schreiben, daß ich dich nicht wirklich kenne. Das ist mir eine frappante Erkenntnis. All die Abende in der Mommsenstraße, könnte man verwundert fragen, und 20 Jahre bist du mir gegenwärtig. Aber in der Anfangszeit stand E. zwischen uns, dann die geographische Entfernung, dann unsere so verschiedenen Lebensformen (ich Studentin, du Künstlerin), dann unsere Männer. Damit meine ich die Viererkonstellation. Die Male, die ich mit dir allein war, kann ich an zwei Händen zählen. Wir haben in all den Jahren keine 'Frauenkultur' entwickelt, wir haben unsere Kommunikation weitgehend, oft völlig, über unsere Männer definiert. Ich weiß nicht, ob ich darüber eher lachen oder weinen soll. Wenn du schreibst, daß du Ingrid liebst, dann verstehe ich, daß du eine Frauenkultur entdeckst und für dich machst. Ich sollte weinen, denn warum haben wir sie nicht füreinander gemacht? Du hattest doch damals, genau wie ich, wenig Frauen um dich.

Du bist aber die einzige Frau, die älter ist als ich, mit der ich befreundet bin, und vieles bei dir interessiert mich noch mehr als bei den gleichaltrigen (auch eine Rarität, und hier hab ich die überhaupt noch nicht gefunden) oder jüngeren (befreundete Studentinnen zumeist; Johanns Musikdamen). Denn das Jahrzehnt zwischen uns, das zwischen 40 und 50, kenne ich noch nicht, ich betrete es, ich bin gespannt, was da mit uns Frauen passiert.

Henriette

Liebe Henriette, Berlin, 28.10. 81

ich will dir über Ivanka schreiben, eine Jugoslawin, die hier in Berlin arbeitet. Sie und ihr Mann leben in einem der Abrißhäuser in der Yorckstraße, im Hofgebäude, bevölkert von Türken und Jugoslawen, die Außentoiletten sind auf den Treppenabsätzen. Immer wenn wir zu ihnen gehen, kleben an der Eingangstür orangene Zettel, daß Rattengift ausgelegt wurde. Die Familie Gorec hat in diesem Hinterhaus ein Zimmer und eine Küche. In der Küche hat Vlado eine Wanne hingestellt, an den Abfluß angeschlossen. Das Wasser zum Baden machen sie warm in großen Töpfen. Sie leben da schon 13 Jahre. Ivanka ist siebenundvierzig. Wenn sie durchs Zimmer geht, streicht sie immer mit der Hand über zwei Paßfotos, die in einem Bildrahmen stecken. Das sind die Fotos der Söhne Mirko und Ivan. Die Söhne leben zu Hause auf dem Dorf, bei der Großmutter, Vlados Mutter. Ivanka darf nicht mehr um sie weinen, das hat ihr Vlado verboten. Das Zimmer ist voll von Schränken, Stühlen, wir können uns kaum bewegen. Seitdem Vlado einen Unfall auf der Baustelle hatte, ist er krank und verdient weniger. Er überredete Ivanka, daß sie neben ihren Putzarbeiten auch den Nachtdienst im Keller des Lokals, da sind die Klos, übernimmt.
Ivanka hat uns oft gesagt: wir kamen wegen eines Traktors. Das hab ich verstanden. Aber jetzt geht's immer weiter. Noch diese, noch jene Maschine. Dann ein neues Dach. Ein ganzes neues Haus. Das wird nie ein Ende nehmen. Die Söhne werden erwachsen werden, und ich bin hier, so weit weg von ihnen.

Im selben Stockwerk wohnt auch die junge Neda. Sie arbeitet in einer Elektrofirma. Sie ist Ivankas einzige Freude, sie ersetzt ihr die Söhne. Neda besucht die Abendschule, möchte das Abitur machen. Ivanka ist sehr stolz darauf, sie hilft ihr auch oft, hilft ihr beim Lernen. Neda lebt sehr einsam. Ivanka ist der erste Mensch, der sich hier, in Berlin, um sie kümmert.

Jede Nacht sitzt Ivanka im Keller. Auf dem Tischchen steht der kleine Teller fürs Trinkgeld. Man hört die Musik aus dem Lokal, im Keller ist es immer kalt. Ivanka hat Angst vor den Säufern. Oft sitzt sie da und liest in den Briefen der Söhne. "Wir sind oft im Neubau. Wann wird das Haus fertig sein, damit wir wieder zusammen leben können", schreibt Mirko. "Liebe Mama, ich lerne jeden Abend. Der Meister ist gut zu mir. Ich helfe ihm schon bei den Installationen der Heizkörper. Sorge dich nicht. Komm schnell zurück", schreibt Ivan. Der Dienst im Keller beginnt um 7 Uhr. Ivanka hilft manchmal auch in der Küche aus. Um 3, wenn das Lokal geschlossen ist, putzt sie die oberen Räume. Manchmal kommt Vlado und hilft ihr. Um 5 Uhr ist sie fertig und geht dann in die Arztpraxis, wo sie auch putzt. Um 7 ist sie zu Hause und geht ins Bett. Dann ist Vlado schon in der Fabrik. Dann holt sie ein, kocht, wäscht. Sie fühlt immer mehr eine Müdigkeit, die sie nicht mehr verläßt. Du mußt das Abitur machen, sagt sie zu Neda, so, ohne Schule, das ist überhaupt kein Leben.

Aber Neda hat inzwischen einen Jugoslawen kennengelernt, hat sich verliebt. Jetzt sitzen sie zu viert in der Yorckstraße, sprechen über die Zukunft, die Hochzeit. Vlado und der junge Mann rechnen, wieviel Geld man bräuchte, um ein Haus zu bauen. Neda wird mehr arbeiten müssen. Sie wird keine Zeit mehr für die Abendschule haben. - Ivanka kämpft um die

Schule. "Du wolltest doch einmal Lehrerin sein in deinem Dorf!" Aber diese Pläne interessieren Neda nicht mehr. Ivanka spürt, daß Neda sie immer mehr meidet. Sie will nicht mehr hören, was ihr Ivanka sagt. Und als der Hochzeitstag kommt, da hat Ivanka Neda völlig verloren. Sie klingelt nun nicht mehr an ihrer Tür, braucht ihre Hilfe nicht mehr. Geh du zum Abitur, sagt Vlado zum Spaß, du weißt doch nun alles auswendig! Ivanka weiß, dieser Zug ist schon vor zwanzig Jahren für sie abgefahren. Sie geht müde in ihren Keller. Legt sich müde ins Bett, steht müde auf. Wie lange noch? Vlado zählt jeden Morgen das Kleingeld aus dem Keller. Manchmal ist er unzufrieden.

An sich ist alles egal. So - noch zehn Jahre. Ohne meine Hilfe und meine Arbeit hier - vielleicht fünf Jahre mehr. So denkt Ivanka immer öfter.

Und eines Abends, unten im kalten Keller, nimmt sie ein Stück Papier und einen Briefumschlag. Sie setzt sich an den Tisch, leckt den Bleistift ab: "Liebe Kinder, ich kehre zurück, für immer!"

Vlado bleibt noch zehn Jahre in Berlin. Jetzt sind sie beide, er zeitweise, zu Hause. Er hat eine Invalidenrente, und sie muß auch weiter viel zu viel arbeiten. Im Stall, auf dem Feld.

Eine Kette ohne Ende, sagt sie mit einem traurigen Lächeln. Und stellt in der neuen, noch unfertigen Küche in Zelina einen großen Kuchen auf den Tisch. "Und trotzdem, es war richtig, zurückzukommen. Ich habe es nur zu spät getan."

In Liebe, V.

Liebe Vesna,                                    Leiden, 29. 10. 81

ich schreibe, obwohl ich noch keine Post von dir habe.

Die Entscheidung zu schreiben ist die Entscheidung zur Wirklichkeit, sagst du. Mir wird aber immer deutlicher, daß ich die Frage nach der Entscheidung bisher abstrakt gestellt habe, unwirklich. Ich habe euch und mich, dich und Johann gefragt: wie kann ich meinen Job loswerden und zu schreiben anfangen? Niemand kann darauf eine sinnvolle Antwort geben. Allmählich dämmert mir, daß ich den "dritten Weg" ausbauen muß, den Weg, der zwischen der Wissenschaft und der Kunst krumm verläuft. Ich gehe ja schon eine ganze Zeitlang auf diesem Weg, nur nicht konsequent, sondern eher instinktiv, und immer wieder aufgehalten durch falsche Erwartungen (an die Wissenschaft, an die Kollegen, an eine "fruchtbare" Zusammenarbeit) oder falsche Ängste (ich kann nicht wissenschaftlich schreiben; ich kann eigentlich gar nichts wirklich). Daß ich nichts wirklich kann - du nennst das Gegenteil die tödliche Perfektion - ist, so sehe ich langsam ein, meine Chance. Ich wäre sonst vielleicht eine bornierte Wissenschaftlerin oder eine Überzeugungskünstlerin. Eine Lösung meines Konflikts wird mir nicht in den Schoß fallen (die Mutter beerben; das große Los gewinnen oder sonst ein Traumquatsch, um aus dem ökonomischen Zwang zu kommen), sie kann von mir auch nicht mühsam errungen werden (mit nicht nachlassendem Eifer entwickelte sie ihr schlummerndes Talent).

Die Lösung vieler Probleme ist, so nehme ich vorläufig an, konsequenter zu tun, was ich tue. Es ist schwierig, aber nicht unmöglich, mich der immer größeren Entfremdung in meinem Beruf zu entziehen und doch produktiv zu bleiben. Es muß gelingen, mehr Mut und Ausdauer zu gewinnen, um neben dem Beruf zu schreiben und auch im Beruf zu schreiben.

Muß, schon wieder muß. Ich bin jetzt oft müde und will nicht müssen, will gammeln, der Traum vom Mittelmeer und vom sonnigen Süden, du hast recht, er schlummert in uns allen. In mir sicher! Tanja, die alte Freundin meiner Mutter, die ich mit Paul vor zwei Jahren in ihrem Haus auf Mallorca besuchte, hatte es leid und sprang ins Mittelmeer ...

Es gibt unausgefüllte Flächen zwischen uns. Du schreibst: ob wir uns kennen? Ich frage mich dies nur auf der Ebene dieser Briefe (also nicht). Bist du denn gar nicht neugierig? Ich bin auf so vieles neugierig von dir, was ich nicht kenne. Zum Beispiel möchte ich dich fragen, wie du das Älterwerden erfährst, ob du es auch so eigenartig findest, auf der Oberfläche Falten zu kriegen und innen drin, bei sich, sich nicht daran anzupassen. Wir haben doch vor zehn Jahren auch nicht anders gelacht oder unsere Arme um unsere Männer gelegt?

Bis bald. Ihr reist jetzt nach Zagreb. Melde dich mit einer Karte.

Wir sehen uns im Herbst in Berlin, deine

Henriette

BÜCHER UND BILDER

*Andere Zeiten.*

Die Stadt hat sich verändert seit 1966. Die Straßen, durch die wir gingen, sind eng geworden, überall die Autos. Und photographierende Touristen. Die neuen Cafés sind voll, die Auslagen der Geschäfte immer prunkvoller. Es gibt Smogalarm, man mißt die Ozonkonzentration, der Stadt geht die Luft aus. Dieses Berlin ist nicht mehr grau, nicht mehr der ein wenig vergessene Ort. Die Welt hat Berlin entdeckt, hat es erobert.

Ich kreiere ein Zimmerleben und seine Kapitel:
Bücher, Briefe, Telephongespräche, Träume,
Tippen, Abende mit Freunden, Gäste zum Schlafen,
Nachrichten.

Unter dem gläsernen Dach von Jahren, hoch oben im Haus in der Mommsenstraße.

Innerhalb dieser vier Wände (wer weiß das schon, mit dem Rücken zur Wand, schreibt Marina Zwetajewa) sind auch Erforschungen möglich, ist es möglich einzudringen ins Gewebe der Stadt - die Berliner Straßen ziehen sich dann gleich die dunklen Rüstungen an aus den Jahren um 1933 - der Zeit, als die ersten Politiker, Schriftsteller und Maler in die Emigration zogen.

Ich sehe sie auf den Bahnhöfen, die es nicht mehr gibt, sehe sie einen letzten Zug besteigen, sie tragen Koffer oder stehen da ohne Gepäck, manchmal auch ohne einen Mantel.

Ich sehe ihre verlassenen Wohnstätten, die düsteren, zugewachsenen Gärten, die verschlossenen Türen. Und jenes, was vorher war.

Durch den grellen, neuen Verputz hindurch scheinen schwarze Farben.

So am Haus in Steglitz das Jahr 1923. Das Zimmer, in dem Kafka saß, eingewickelt in Decken, und oft kein Geld hatte, die Miete zu bezahlen. Heute ist eine Tafel mit goldenen Buchstaben am Haus angebracht. Sein Name. Daneben nicht der von Dora Diamant - sie half ihm das Berliner Jahr zu überleben.

Ich gehe um die Siegessäule im Tiergarten herum, der goldene Engel auf ihrer Spitze steht wie immer, wie einst, als Walter Benjamin schrieb: "O braungebackene Siegessäule mit Winterzucker aus den Kindertagen." Braun ist der Engel, ganz braun. Starker Wind fegt über alle Hefte hinweg, in denen geschrieben, aufgezeichnet wurde. Wind und Wetter bleichen die Schrift.

Der Baum vor dem Haus der Malerin Charlotte Salomon wächst im gebündelten Grau und Ocker ihres Bildes, und dieses Bild von der Ecke Wieland- und Mommsenstraße ist oft stärker als dieselbe Ecke in ihrer heutigen Wirklichkeit. Seitdem ich das Bild gesehen habe, ist die Ecke ein Verlustpunkt, eine ewig leere Stelle, ausgeklammert aus den Zeilen der Häuser.

Die Papiere gilben, auf dem Tisch liegen die Bücher, die Asche der Zigaretten fällt zwischen die Tastatur der Schreibmaschine, Staub fällt. Und die Zeit steht und rast gleichzeitig.


*Die Entdeckung von Wols.*


Ein kleines Bild. Ein glühendes Zentrum aus Licht.

Ich stand vor ihm wie gelähmt 1970, 1980, und stehe immer noch vor ihm in der Nationalgalerie. Das Bild hängt an der linken Wand, in der Nähe des Durchgangs zu den großen Glastüren, die zum Skulpturengarten führen. Der Hintergrund des Bildes ist dunkel, der Pinselstrich dünn, unruhig: und in der Mitte die Farbenexplosion. Die Unrast, Nervosität. Ganz unten rechts eine kindliche Unterschrift: Wols.

Wer ist das?, fragte ich.

Alfred Otto Wolfgang Schulze. Er lebte in Paris, starb 1951, sagte Benno, er starb achtunddreißigjährig.

Zittern, Tropfen. Atmen, Leben.

Der Ruhm dieses bekannten, unbekannten Malers ist gebunden auch an diesen frühen Tod. Er erlebte den Ruhm nur kurz, nach der Ausstellung 1947 in Paris. Verkauft hatte er auch da nichts.

Aber es wurde das erste Mal gesagt: Vater des Informels, des Tachismus.

Das Bild vor mir eine Landschaft des Schicksals. Und Verwundbarkeit, Empfindlichkeit.

Später sah ich auf einer anderen Ausstellung die "Komposition in Gelb".

Ich suchte Bücher über ihn. Erfuhr im Buchladen unter den Savignybögen, daß es beinah nichts mehr im Handel gibt. Die Monographie von Haftmann und der Katalog der Ausstellung in der Nationalgalerie sind vergriffen. (Ein Mann in einem anderen Buchladen sagte, für das Haftmannbuch werden heute antiquarisch über 400 Mark bezahlt. Es wurde nicht wieder verlegt, wegen irgendwelcher Unklarheiten mit den Rechten, den Erben. Und es gibt auch viele Falsifikate seiner Werke, es wird immer schwerer, sie zu katalogisieren.)

Ich fand zwei Bücher. Zeichnungen und Aquarelle, eine Ausgabe des Goethe-Instituts, London 1985, und das Buch über seine Photoarbeiten. Er war Photograph, bevor er anfing zu malen. Das haben wir nicht gewußt.

Auf den Photos dieselbe Kraft ohne Lautsein. Ganz nah die Zeitungstüten mit dem Gemüse auf dunklem Fußboden. Wie Pflanzen, wie schwarzweiße, zerknüllte Erinnerungen. An einem Eck einer Zeitung kann man noch das Wort sang, Blut, lesen. Auf einem alten Holztisch liegt nur eine geöffnete, silberne Sardinenbüchse. Vor ganz schwarzem Hintergrund, dessen Mitte, fallen Zuckerwürfel, weiß, zerbröselt. In die Mitte eines Photos ragt die Rundung des Tisches, sieben Nägel auf dem hellen Holz. Das Licht ist scharf, aufbewahrend. Auf einem schmalen Tisch die ganze ärmliche Habe: ein Schlüssel, eine Zigarette, Streichhölzer, drei Telephonmünzen, ein verbranntes Streichholz, 2 Franc. Die Gegenstände stürzen durch das schmale Format. Ganz oben, auf einem weißen Stück Papier, steht ein Wecker. Es ist elf Uhr. Stille des langen morgendlichen Schlafs. Anwesend auch der Mann, den man nicht sieht, die Armut, die Verzweiflung. Das Holz des Tisches ist zerkratzt. Wie später die Oberfläche der Ölbilder. Einsamkeit. Ein anonymes Leben in Paris, in einem kleinen Zimmer. Eine Autobiographie: Ich, Wols, in Paris, eines Morgens um elf.

Dieses Photo wurde aufgenommen 1938 in seiner Wohnung in der rue Froidevaux 59, neben dem Friedhof Montparnasse. Zu dieser Zeit entstanden auch die ersten Bilder und Zeichnungen. Wenige kannten ihn damals. Der Dichter Henri-Pierre Roché, Jean-Paul Sartre. Er hat nicht nur manchmal seine nichtbezahlten Hotelrechnungen und Krankenhausaufenthalte bezahlt, er hat auch über ihn geschrieben.

"Wols schafft Gegenbilder, die parallel sind zur Wirklichkeit."

Auch Simone de Beauvoir schrieb über den Maler, der einmal gesagt hat: "Von 1913 an beweist mir die Welt, daß nicht im Leben, nicht in der Wissenschaft, im Herz oder den Gehirnen, ein Fortschritt möglich ist."

Alfred Otto Wolfgang Schulze wurde 1913 in Berlin geboren. Die Familie war reich, sein Vater, Dr. Schulze, machte in seiner Freizeit viel Musik, und so spielte auch Wolfgang schon als Kind Violine. Trotzdem, er hatte Schwierigkeiten mit dem sehr bürgerlichen Leben der Familie, nach dem Tod des Vaters begann sein Aufruhr, sein Aufbegehren. Einmal springt er durch ein Glasdach in den Hof, liegt in Krankenhäusern in Berlin, in Zürich, will nach Afrika. Um die Mutter nicht zu enttäuschen, macht er die Ausbildung zum Photographen. Danach verläßt er Berlin und fährt nach Paris. Der Mutter hinterläßt er die Botschaft, er müsse die Bilder von Léger und Ozenfant sehen. Mit neunzehn Jahren, 1932, fängt das Leben in der Fremde an. In Paris lernt er seine spätere Frau Gréty kennen, sie reisen zusammen nach Spanien, leben in Armut, sie verdient etwas als Modistin. 1935 wird der Maler in Barcelona verhaftet. Angeblich wegen unbezahlter Hotelrechnungen. Doch es gab auch eine Denunziation, daß er Republikaner sei. Zu der Zeit sollte er zurück nach Deutschland, um den Militärdienst abzuleisten. Er kehrt nicht zurück, Hitler ist schon an der Macht, und er wird so praktisch zum Deserteur und zum Emigranten. Man sieht ihn durch Paris ziehen mit seiner Violine und dem Photoapparat. Doch er findet selten Aufträge. 1937 hat er eine kleine Ausstellung in der Galerie de la Pléiade. Sie hat keinen Erfolg. Ganz überraschend wird er im selben Jahr amtlich Photograph für die Weltausstellung. In dem Jahr nimmt er den Künstlernamen Wols an - es sind die Angangsbuchstaben seiner Vor- und Nachnamen. Ausgehend von alten Plakaten auf Hauswänden entstehen die ersten abstrakten Bilder. Doch der Krieg beginnt, alles bricht ab. Wols wird gleich als Emigrant interniert, verbringt vierzehn Monate in verschiedenen Lagern im Süden Frankreichs. Er begann zu trinken. 1940 heiratete er Gréty und bekam über sie einen französischen Paß. Sie lebten dann in Cassis bei Marseille. Und er malte wieder. Als die deutschen Truppen Frankreich besetzten, floh er mit Gréty nach Dienlefit. Dort hielten sich auch viele französische Intellektuelle auf, die im Widerstand waren. Es entstehen seine imaginären Städte.

Im Dezember 1945 stellt er bei Drouin in Paris die Zeichnungen und Aquarelle aus. Nicht das Publikum, nicht die Presse, zeigen irgendein Interesse für das Neue in seinem Werk. Wols ist dreiunddreißig Jahre alt. Doch diese Bilder, entstanden zwischen 1947 und 1951, inspirieren eine ganze Generation von Tachisten, während gleichzeitig in Amerika Pollock sein action-painting entwickelt. Wols illustriert Sartre, Kafka, Artaud. Nach einem Sturz 1948 wird er ernstlich krank. Hat kein Geld fürs Krankenhaus. Er versucht wegzukommen vom Alkohol. Im August 51 entstehen die letzten Bilder. Er stirbt an einer Vergiftung durch Pferdefleisch am 1. 9. im "Hotel Montalambert" in Paris, er ist nur achtunddreißig Jahre alt geworden.

Die Bilder in der Nationalgalerie in Berlin sind aus den Jahren 46/47. Bilder eines Malers mit dem Namen Wols. Immer stehen Leute vor ihnen. Als er starb, wußte niemand, wer er war. Ein Fremder, einer, der weggegangen ist. Auch einer, der verzweifelt ist an der Geschichte, dem Zuhause. Irgendwo am Rand des Lebens zerbricht die Kraft und leuchtet im Gemalten.

*Karin. Oder die Leichtigkeit.*

> "... Titel, Aufschriften, Gebrauchsanweisungen, Abkürzungen, da hast du ja das ganze Gegenwartsleben, ablesen kannst du es im Vorübergehen, brauchst nichts anfassen, es zerfiele dir doch nur in den Händen zu grauer Asche der Vergangenheit. "
>
> (Franz Hessel)

Ich sehe den abbröckelnden Putz der Hofseite des Hauses in der Klaićeva und sehe gleichzeitig ein Zimmer in Berlin, in Wilmersdorf. In ihm ein Bett, Tisch, Stuhl, ein Bücherregal und das Pianino. Karin sitzt sehr gerade davor und übt. Karin, die jung ist und die oft auf dem Fußboden in der Mommsenstraße saß, die mich fragend anschaute, ernst.

Gesehen haben wir sie zuerst in der Schule mit dem blauen Uhrturm, in einer Turnhalle. Es war während einer Probe zum Ballett, das Filippo choreographierte. Ingrid und Claudio hatten uns mitgenommen, Filippo und Claudio kannten sich, beide waren aus Chile fort und lebten nach dem Putsch hier im Exil.

Filippo hatte vom Senat Geld bekommen, um ein Ballett mit Schülern zu machen. So hatte ihn Karin kennengelernt. So kam die Liebe, sie war siebzehn, und sie zogen zusammen, hatten kein richtiges Zimmer, kein Geld. Karin ging noch ins Gymnasium.

Filippo schrieb auch, er kam zu uns mit seinen Geschichten, auch Karin kam. Sie saß gerne auf dem Fußboden, schälte einen Apfel, teilte ihn mit uns. Karin trug ausgewaschene T-Shirts und Hosen, flache, leichte Schuhe, und ich habe gleich gesehen, daß ihr Kleidung überhaupt nicht wichtig ist. Anderswohin wollte sie fliegen, weg vom Alltagskram, von der kalten Stadt, dem Nichttraum.

Filippo war unglücklich in Berlin, zerrissen. Wenn wir spazieren gingen, trug Karin ihren kleinen Rucksack aus Bast. In ihm ein Band von Proust, der Schülerausweis für die U-Bahn, zwei, drei Münzen und ein Apfel. Sie hatte etwas Schwebendes an sich, und ich stellte mir vor, es wäre nicht leicht, die Hand stützend in ihrer Nähe zu halten. Nie sagte sie, daß sie etwas brauche. Nach dem Abitur ging sie zur Uni, zur Musikwissenschaft, beschaffte sich das Pianino. Musik und Literatur. Sie las alles, was wir schrieben.

Lange Nächte mit ihnen beiden, schwierige Gespräche. Leidenschaft, Trauer, Wut, und immer die Fremde. Die Trennung von Filippo zog sich hin. Karin studierte, arbeitete, saß in unserer blauen Küche. Sehnsucht, das Schweben, waren immer dabei.

In einem Frühsommer kam Karin allein zu uns nach Zagreb. Sie mochte gleich die verwilderten Parkanlagen, die Leute, die kleine Wohnung in der Klaićeva, das Licht. Sie schlief lange und ruhig und wie schwerelos. Und plötzlich sagte sie, ich werde nicht immer in Berlin, in Deutschland bleiben.

Sie war nach Zagreb mit ganz wenig Gepäck gekommen und mit dem dritten Band von Proust in ihrem Täschchen aus Bast. Sie schwebte hinein in die sommerliche Klaićeva wie ein Engel, die Augen fragend und ernst. Sie durchquerte mit uns schnell die Zagreber Straßen, die Uferwege an der Save, die Waldpfade der Berge über der Stadt. Abends, auf dem Boden sitzend, schälte sie einen Apfel und schnitt ihn in Teilchen für uns.

Sie sagte, es ist nicht kalt.

Der Traum vom eigenen Leben ist oft ein Traum von einer Fremde. Und man weiß plötzlich, das wichtigste ist, zu schützen, was man liebt.

Karin kommt, entschwindet wieder. Geht auf Reisen mit ihrem Freund, erzählt über Landschaften im Regen, über Menschen anderswo. Ich sehe sie mit dem Apfel in der Hand, sie lächelt.

*Das Bild aus Chile.*

Die Bilder an den Wänden rufen die einstigen Stunden wieder zurück, sind gemalte, wie geronnene Empfindungen.

Das erste chilenische Bild zog vor langer Zeit in unsere Dachbodenwohnung ein. Wann war das? 1970? Nein, später, nach dem Putsch in Chile.

Damals gründeten Berliner Schriftsteller und Filmregisseure eine Gesellschaft, die den chilenischen Künstlern in der ersten Zeit der Emigration helfen sollte. Wir trafen uns mit ihnen an der Technischen Universität, lernten auch den Maler und Schriftsteller Claudio Lange kennen. Schönes blasses Gesicht, lange helle Haare. Er war sehr groß und sehr lebhaft, brachte sein erstes Theaterstück, und wir wollten versuchen, es im Funk unterzubringen. Hatten zu Beginn keinen Erfolg, das Stück war modern, aggressiv, für die Redakteure politisch zu extrem. Von allen Autoren, die nach Berlin kamen, sahen wir Claudio am häufigsten, lernten seine Familie kennen, Ingrid, ihre Tochter und ihren Sohn. Diese Freunde. So anders als die in Zagreb. Ungestüm wie ein Gewitter oder still wie ein tiefer See. Ich bot, gut erzogen und etwas zaghaft, eine gute Angriffsfläche. Mußte lernen, Leidenschaft von Spott zu unterscheiden. Und wir kämpften. Versuchten Lebensformen zu benennen, das Fremdsein, die Irrwege. Vielleicht sprachen wir über Freiheit. Abend für Abend, dann sah man sich wieder lange nicht, ein düsteres Wetterleuchten war aufgekommen. Funken sprühten überm runden Holztisch bei ihnen in der Rothenburgstraße, bei Rotwein und Essen, bei schlechten oder guten Nachrichten aus der Werkstatt, dem Atelier.

Claudio war der erste wirklich unangepaßte Mensch, den ich kennenlernte, lebte in einer Art vergessener, anarchistischer Freiheit. Hatte Schwierigkeiten an der Universität, wo er seinen Doktor machte über die Kolonisation Lateinamerikas, Schwierigkeiten bei verschiedenen Jobs, und er war ein komplizierter Freund. Vielleicht jemand ohne Schutz, trotz der Kraft, freiwillig ohne Gerüst, das eine Heimat, Familie oder Glauben geben können.

Ingrid und Claudio haben früh ihre gutbürgerlichen Familien in Chile verlassen und lebten nun am Rand der absoluten Bescheidenheit. Die Wohnungstür in der Rothenburgstraße war nie abgeschlossen, jeder konnte kommen, jeder am Holztisch in der Küche sitzen. Unter den glatten Wänden des Hauses wuchs die feste und widerstandsfähige Pflanze einer anderen

Lebensform, der anonymen Kunst. Wir haben uns schnell verabschiedet vom Traum einer gesellschaftlichen Hilfe, wußten, die Texte sind für viele unannehmbar, die Bilder fremd. Doch Leben ist möglich außerhalb abgesicherter Bahnen, das Entdecken der Kraft von namenlosen, wie verlorenen Manuskripten, Bildern, die nie das Dunkel eines Zimmers verlassen. Manchmal glaube ich, wirklich Mut zugesprochen hat man uns nur dort, am runden Holztisch. Es waren Geschenke, die verteilt wurden in der Nacht, wenn die Lippen trocken, die Augen müde waren, und manche Sätze wie eine Prophezeiung wirkten.

Claudio und sein Freund Michael. Ein Buchverliebter, der uns später alles brachte, was wir sonst nirgendwo fanden. Schwarzes, gekraustes Haar, ein Wanderer durch die Stadtlandschaft, Architekt ohne Arbeit. Claudio wohnte eine kurze Zeit bei ihm, in zwei Zimmern eines Gartenhäuschens in Charlottenburg. Die Wände weiß, beinah keine Möbel. Zwei Matratzen auf dem Boden, volle Aschenbecher. An einer Wand neben der Treppe angepinnt eine Zeichnung: die große Eidechse umarmt einen zerborstenen Helm. Südliche, flammende Farben. Wir nahmen diese kleine Pastellzeichnung mit, taten sie unter Glas, hängten sie auf neben dem lunaren Kind von Stančić. Das bunte Tier strahlt Sanftheit aus - und Trauer.

Andere Bilder von Claudio ziehen ein in die Mommsenstraße. Geschenkte, gekaufte. Bilder aus dem Exil, Bilder der Spanienreisen. Getrocknet die Farben, verlassen die Landschaften, weggeflogen die Vögel. Materialbilder, Collagen, silbern, blau. Ausstellungen in der Galerie am Halleschen Tor, in der Berliner Straße. Veröffentlichungen von Gedichten und Prosa. Ingrid gibt Spanischunterricht, die Kinder sind vorm

Abitur. Wir leben. Claudio eröffnet innerhalb der Ausstellung "Mythos Berlin" sein Museum der Utopien vom Überleben:

"Daß in der Oase Berlin nicht nur alle möglichen pflanzlichen, tierischen und menschlichen Wesen ganz hübsch gedeihen, sondern daß hier Landschaften zwischen schnaufenden Joggern zu bewundern sind, die plötzlich Afrika, Asien und Ost-Europa auf dem Territorium der Mark vorgaukeln, bleibt das ewige Geheimnis einer Stadt, die die längste Zeit ihres Daseins andere und anderes imitierte. Ich habe mich manchmal gefragt, ob in diesen Landschaften nicht ein verlorenes Glied weit entfernter Kulturen liegt, die jene zur Vervollständigung ihres Glücks vermissen müssen. So hat das Museum der Utopien vom Überleben den Charakter eines Vexierspiegels meiner Berlin-Erfahrung, ist gedacht als Mitte und Zentrum eines Ortes, dessen Geheimnis nicht ohne Verehrung sich lösen läßt. Denn lebt man länger in Berlin, kann die Poetik Berlins zum Lebensmittel werden."

Und die Stadt der Fremden, die durch sie zogen und immer noch ziehen, die Stadt der Transitwege Europas und der Dritten Welt.

Einst offen, überquellend. Heute eingeschlossen innerhalb seiner politischen Grenzen. Und die Offenheit, das Vermischen mit fremden Kulturen, scheint aufzuhören in Zeiten des Wohlstands.

Ich lese im April 1984 im "Tagesspiegel" die folgende Todesanzeige:

*Am 22. April 1984 starb im Klinikum Charlottenburg nach schwerer Krankheit und langem Leiden der vielleicht 23jährige staatenlose Palästinenser, der Asylsuchende*

*MOHAMMED NASSER (?)*
*oder Bassam Abdul Hussein Shoucair (?) oder...(?)*

*Seit 1987 in Deutschland, blieb er hier namenlos, heimatlos, rechtlos. Schließlich wurde er auch in seiner Krankheit sprachlos, orientierungslos - hilflos. Nie kam jemand ihn besuchen.*

*Unsere Betroffenheit über sein Schicksal als Kriegsopfer und Asylsuchender wollen wir nicht für uns behalten.*

*Personal der Station 25*
*Dr. W. Christie, Arzt*
*H. J. Deinert, Sozialarbeiter*
*G. Kröger, Pastorin*

*Berlin, April 1984*


*Abend auf der Terrasse.*


Erzähle, wie's war.
Ich kann nicht.
Warum?
Jemand sagte unlängst, die Entzauberung führt in die Katastrophe.


Der Abend hatte keine Geschichte - und keine Sprache.

Ich zeichnete auf dem Papier zuerst einen Kreis, der viele Striche hatte, viele Beine. Das bin ich. Einen Abend lang ein rundes, dummes Wesen, mit der Wut nur.

Das Haus mit der Terrasse, in das ich eingeladen war, war eine Muschel des Schattens, der Garten dunkel in der Geborgenheit seines hohen Zaunes. Die Hitze dieses Berliner

Sommers, wie auch alles andere, blieben draußen. Schon eintreten in dieses Haus bedeutete für mich, ein Kreis zu werden. Auf einer anderen Terrasse steht mein Vater und droht.

Ich habe nichts anzuziehen, murrte ich zu Hause und entschloß mich für das unverfängliche schwarze Baumwollhemd und die schwarze Leinenhose. Die Hitze trieb schon Bläschen auf der Haut, es war kein Abend für Schwarz. In der muffigen U-Bahn verschmierte ich mit dem nassen Tempotaschentuch die Schminke.

Wir saßen um den Tisch auf der Terrasse. Die Kühle, die abgeblühten Linden, das Verlegerehepaar, eine blonde Malerin, Rita, die Dichterin, und ich - die falsch angezogene Fremde. In den Ohren zuerst die zarten Rituale des Willkommens. Wie geht es, was macht ihr, wir freuen uns. Freundschaftliche Anteilnahme des Verlegers, man kennt sich ja lange. Er ist wirklich gut, sagte sich der Kreis zaghaft.

Immer wieder träume ich, daß ich wegen des Ausblicks zu einem Fenster laufe, es hastig öffne und dann vor der Betonwand des Nachbarhauses stehe.

Wir waren fünf Personen auf der Terrasse. Diese Zusammenstellung sollte Trost spenden, den Trost der Gesellschaft, daß es möglich ist, bekannt und unbekannt an einem Tisch zu sitzen. Diese frohe Botschaft spiegelte sich im Gesicht der Verlegersehefrau. Der Abend war zu genießen ohne Mißtrauen, er mußte oder sollte nichts bringen, nichts für die Kunst, den Verlag oder sonst was. Wir waren eingeladen wegen Rita. Sie zog um nach Italien.

Das Bild der Rita. Sie schreibt in einer Sonnenlandschaft.

Auf dem Tisch das Festessen. Wir sind gerührt über die liebevoll ausgewählten Speisen. Eins meiner Beine, mit denen ich auf der Terrasse stand, war verurteilt zur Dankbarkeit. Auf dem Bild der Sonnenlandschaft wickle ich um das Bein einen Verband. Das tat ich schon als Kind. Doch das Umknikken ist ein Makel, der geblieben ist.

Ich sah das Meer, von dem Rita erzählte, lief erregt zwischen den Klippen und durch den beschriebenen Orangenhain, seine immaterielle Form, kehrte zurück in die Kindheit, sah die Orangentorten zu Hause auf dem Tisch, die Gäste, hörte das Plappern und zog mich zurück ins Reich der Träume. Sitzend auf der Terrasse träumte ich den Traum vom Verrat. Oder doch nur den des Dienens?

Ich schwärze mit dem Bleistift den halben Kreis ein.

Wohlerzogen esse ich derweilen auf der Terrasse Pasteten und nicke brav mit dem Kopf, während die hundertste Geschichte über den Krieg, den Anfang aus dem Nichts heraus, die Stunde Null, über Berlin damals, die Runde macht. Im Brennglas des Abends konzentrieren sich die Beichten. Wie immer beim Wein.

Die Seele und die Sicherheit. Das will man verbinden. Wir haben ja alle ein ähnliches Schicksal, nicht wahr? Ach ja, wirklich.

Ich höre zu. Und doch - kein Dazugehören. Das Loch der Einsamkeit. Die Krücken schwimmen schon alle auf dem Wasser. Wie viele habe ich noch?

Die heiße Stadt war nicht spürbar auf der Terrasse. Und die Nacht entwickelte sich zu einer kühlen Ballade der Kunstliebhaber. Und die Kunst?

Sie wird uns alle retten. In der Produktion des Todes wird sie das Leben sein. Das Credo des Verlegers: sie wird so sein, daß man Leser hat, daß man von ihr leben kann, sie wird dem Staat wichtig sein, daß er Subventionen gibt, Stipendien, Künstlerfonds gründet, unsere Verleger am Leben hält. Kunst kann alles. Sie kämpft, man sieht es, für den Frieden, das Schöne, die Natur, die Liebe zwischen den Völkern. Für alles Gute sowieso, immer und jetzt und überhaupt. Welche Kunst denn?

Was tun mit der Beschreibung der Empfindungen, während die Wogen über die Aufgaben der Kunst schon in den Garten überfließen? Der Blick des Verlegers ist ernst.

Ich sitze wieder im Zimmer in Zagreb und bohre mit der Feder ein Loch ins Schulheft. Obwohl man's nicht darf, kann ich's nicht lassen. Den Staub vom Tisch sammle ich auf mit der nassen Feder. Verschmiere den Tisch. Darf einen Monat nicht ins Kino.

Wie herauskommen aus dem Kreis des so oder so gelebten Lebens? Wie komme ich in Orte der Geschichte, die auf den Karten, die wir besitzen, nicht aufgezeichnet sind? Währenddessen ist das Gespräch um den Tisch bei der Jugend. Jener, die versucht, sich dem Druck der alten Erziehung zu entziehen. Hin und her geht es, Argument, Gegenargument. Die Sätze liegen auf dem Tisch wie Steine. Unbeweglich.

Rita spricht über ihr neues Buch. Sie hat Schwierigkeiten mit der Figur des Königs. Darf man ihn heute lieben? Sie muß dieser Liebe einen anderen Sinn geben. Warum? Das fragende Kind wird von der Schultafel zurück in die Bank in der ersten Reihe verwiesen. Streng und unerbittlich.

Ich zähle die Striche nicht mehr. Das Frauen-Ich, das Männer-Ich. Komm nicht noch damit. Der Kreis hat noch viele Striche mehr. Ich schreibe: Die Kunst, eine heilige Kuh?

Die Sprache liegt wie ein großes Tischtuch zwischen uns, mit Krümeln des Abends. Fängt alles auf, schüttet alles weg. Und die Nacht? Die Menschen, ihre Geschichte? "Es geht nichts über eine Sommernacht und über einen schönen Wein", sagt die Frau des Verlegers.

Ich träume, auf einem Fensterbrett liegen eine Gabel und ein Teller. Man sieht nichts dahinter. Keinen Tag, keine Nacht.

Der Abend geht zu Ende. Der Abschied. Nirgendwo ein Riß, ein nicht zuende gesprochener Satz. Aneinandergereiht ergeben diese Rundungen irgendwie auch mein Leben. In den Zwischenräumen fühlt man sich unsicher.
Ich versuche aus dem alten Koffer die glänzenden Weihnachtssachen herauszuwerfen. Die Kinderbücher, die Süßigkeiten. Der Koffer wird leicht. Zu leicht nun?
Im Gebiet der unterdrückten Sprache gibt es Räume, die ich ersehne, frei von der verschlungenen Lebenswegpflanze, die ich mit mir schleppe, als erkennbares Zeichen meiner Person. Die Nichtperson sollte man sein.

Immer, wenn man nicht lügt, ist man für andere eine Nichtperson.

An den Terrassenabenden in dieser Stadt renne ich so einem Wort nach wie einem Ball. Nach der Scherbe eines Satzes in der Luft. In Kneipen, in Zimmern. Ihn zu erhaschen, dazu dient die Kunst nicht, sagen viele. Aber es gibt Rechte, die man ungefragt ausübt.

Wenn mich mein Vater schlug, wollte ich mich nicht aufbäumen. Entzauberung. Der Kreis. Das Papier. Das alles war. Wie auch die Feder, die das runde, tiefe Loch bohrte durchs Heft.

Draußen auf der Straße wieder die Hitze. Rita und ich entscheiden, zu Fuß von Zehlendorf nach Charlottenburg zu gehen. Und während wir gehen, kann ich ihr alles erzählen. Über den Kreis, über die Unsicherheit. Sie erzählt mir von dem Mann, den sie verläßt, und dem Buch, das sie in Italien schreiben will. Untergehakt gehen wir zwei Stunden durch die leere Stadt. Am Olivaer Platz die ersten Busse, die verschlafenen Leute. Am Horizont ein leichter Lichtschimmer. Der Tag wird wieder heiß werden.

Rita gibt mir ihre Adresse in Italien. Wir verabschieden uns. Sie geht winkend davon, ich schaue ihr lange nach. Im Treppenflur der Mommsenstraße steht noch die Schwüle. Ich steige summend die Treppen hoch.

*Der Baum der Charlotte Salomon.*

Eine Ecke entfernt von unserm Haus kreuzt die Wielandstraße die Mommsen. An der Ecke steht noch der Baum, den Charlotte Salomon gemalt hatte. Sie malte ein dünnes, kleines Bäumchen an einer Ecke, heute ist es groß und hoch geworden, sie malte die alte Bäckerei dort, ich kaufe heute noch in ihr jeden Morgen das Brot.

Gegenüber, in der Wielandstraße, an einem grauen, hohen, fünfstöckigen Haus, ist die Eisenplatte mit ihrem Namen. Charlotte Salomon. Geboren 1917, gestorben 1943. Gestorben? Charlotte Salomon lebte in diesem Haus bis zu ihrer Flucht 1939, und sie studierte an der Akademie der Bildenden Künste, nur zwanzig Minuten von hier. Sie ging diese linke, schattige Seite der Straße entlang. Ihr Vater war Arzt, die Stiefmutter eine bekannte Sängerin.

Den Baum malte sie von oben, aus der Vogelperspektive des Fensters.

Nachdem die Nationalsozialisten an die Macht gekommen waren, wurde die Gefahr für die Familie immer größer, und die Eltern schickten zuerst Charlotte nach Südfrankreich, zu den Großeltern. Dort - die Zukunft der jungen Frau war völlig ungewiß - begann sie ihr Leben in Berlin, ihre Biographie zu malen. In der Zeit des privaten und geschichtlichen Unglücks beschrieb Charlotte drei Jahre hindurch auf eintausenddreihundertfünfundzwanzig Blättern die Szenen ihrer Kindheit in der Wielandstraße, ihre Jugend, die Räume der Wohnung, der Akademie, die Geschichte ihrer ersten Liebe, die tragische Chronik ihrer Mutter, die Selbstmord begangen hatte, als

Charlotte noch ganz klein war. Und sie beendete nach drei Jahren - ganze Tage hatte sie gemalt - diese Beichte, von der sie glaubte und auch wußte, sie war ihr Testament. Die Bilder, ein Versuch des Erinnerns und Versuch der Rettung vor ihm.

Im Jahr 1943, kurz bevor man sie in das Lager deportiert, vertraute Charlotte die Mappe mit den Bildern dem Dorfarzt in Villefranche an. Im selben Jahr wird sie in Auschwitz getötet.

Über tausend Blätter, dreizehn handgeschriebene Textseiten, das ganze, kurze Leben. Das ist alles, was blieb vom jüdischen Mädchen, das in Charlottenburg aufwuchs und Malerin wurde.

Der Vater und die Stiefmutter, die die Tochter retten wollten, retteten sich selbst durch reinen Zufall. Sie überlebten das Ende des Krieges durch Hilfe illegaler Gruppen in einem Versteck in Amsterdam. Dann erfuhren sie vom Tod der Tochter. Sie fuhren gleich nach Frankreich, suchten ihre Spuren, Zeugen. Auch die Großeltern waren tot. Und sie fanden 1947 jenen Arzt in Villefranche. Er hatte die Mappe aufbewahrt, übergab ihnen diese Bilder von Leben und Tod. Heute sind sie zu sehen im Museum Charlotte Salomon in Amsterdam, und auch ein Buch über sie ist erschienen.

Zwei Filme wurden über Charlotte gedreht, und unlängst sah ich einen Dokumentarfilm, hörte die Stiefmutter, die noch lebt, die alte Nachbarin aus der Wielandstraße. Sie erinnert sich noch an das dunkelhaarige Kind, das immer am Fenster stand und zeichnete. Nie hat sie mit den anderen Kindern auf dem Hof gespielt, nie hat sie gelacht, erzählt die Nachbarin.

Auf der Seite 773 ihres Buches schreibt Charlotte Salomon: "Ein bißchen Leben, ein paar Gesetze, ein kleines Mädchen, ein großes Bett. Nach so viel Leiden, nach so viel Sterben, ist das das Leben und das Nette. Ein bißchen Bildung, ein paar Gesetze und innendrin ein Vakuum - das sind die Reste, die letzten Reste vom Menschen dieses Datums."

Der Baum vor der Bäckerei wuchs in die Höhe, dunkelte. Die Rundung des Gehwegs blieb. Die graue Fassade des Hauses hat jetzt ein paar große Flecken von Ruß, von den Brandbomben im Krieg. Der Besitzer der Bäckerei verkaufte vor Jahren an einen Konzern. Sonst ist die Ecke dieselbe geblieben.

Sie geht nicht mehr da vorbei. Unverzagtes Erinnern läßt mich an der Ecke stehenbleiben und an ein Mädchen denken. Nichts ist rückgängig zu machen, wir leben inmitten des Todes. Die Eisenplatte mit ihrem Namen verwittert, gnaden-loses Vergessen herrscht.

*Noch einmal Marina Zwetajewa.*

Oft gingen wir über den Prager Platz, besser gesagt, bis zu seinen Resten. Die ehemalige, ovale Form des Platzes war noch sichtbar, in der Mitte war noch die nackte, lehmige Erde der einstigen Parkanlage zu sehen. An den Rändern des Platzes standen noch 1980 niedrige Pavillons, in denen Gebrauchtwagen verkauft wurden. Alle Eckhäuser sind im Krieg zerstört worden, lange herrschte hier eine sonderbare Improvisiertheit, alte Drahtverhaue und Zäune, Baracken, links war ein kleines Restaurant mit zwei, drei weißen Tischen und Stühlen hinter einer Hecke und ein paar Bäumchen in Eimern.

Der alte Prager Platz ist zerstört, keine Spur mehr vom Café "Prager Diele", in dem sich 1920 die russischen Schriftsteller trafen, sie kamen zu der Zeit nach Berlin, kamen in die damalige Hauptstadt als Gäste oder als Emigranten. Nirgendwo mehr die bescheidenen Pensionen und Hotels, in denen sie gewohnt haben, geschrieben und manchmal auch gehungert.

Aber immer und jedes Mal, wenn ich hier vorbeiging, schien es mir, ich sähe sie sitzend an einem Tisch hinter großen Glasscheiben. Belyj, Ehrenburg, Marina Zwetajewa. Sie sitzen und sprechen, lesen Gedichte, und das fahle Licht der Fremde hüllt sie immer mehr ein, läßt sie unscharf werden.

Verschwunden das Zimmer der Pension Trautenhaus, das Zimmer mit dem Eisenbett, auf dem Marina mit ihrer Tochter Alja lag und laut aus dem Gedichtband *Meine Schwester das Leben* von Pasternak vorlas.

"... ich trage es mit mir in ganz Berlin herum: zu den klassischen Linden, in die magischen Untergründe (wenn ich es in den Händen halte - vergeht jeder Schwindel!), in den Zoo (um es Bekanntschaften schließen zu lassen), ich nehme es mit zum Mittagessen in die Pension, und - endlich - erwache ich auch mit ihm, wie es so auf meiner Brust entfaltet liegt und der erste Sonnenstrahl zu uns dringt ...", schrieb sie 1922 und veröffentlichte es in "Epopeja", einer Zeitschrift, die in Berlin herauskam. Sie schrieb den *Lichtregen* am Prager Platz, im Haus, das nicht mehr steht, im Raum, den es nicht mehr gibt.

Um diesen Platz gehend, dachte ich, vielleicht finde ich zwischen den Steinen ein Stückchen Kamm, oder eine Haarspange, oder ein anderes Zeichen für ihre leibliche Existenz in dieser Stadt. Ich wußte, das ist unmöglich. Aber ich schaute trotzdem auf den Gehweg hinunter, erforschte die Sandwege. Alles war saubergefegt, alles schon vor langer Zeit verschwunden, verbrannt oder weggetragen vom Wind der Zeit.

Keine Spuren mehr. Nur noch in uns, im Bangen des Herzens, während wir die Straßen überqueren und mit schnellem Blick die geisterhafte Leere des Platzes streifen.

Zu Hause, noch in Gedanken an den Umriß des nichtexistierenden Zimmers, bekam ich einen Brief. In ihm ein Zettel, der sich auf Marina Zwetajewa bezieht. Also doch noch Spuren, auch heute, in Berlin?


Liebe Irena, Berlin, den 17. 9. 1986

Ganz schnell zu Dir dieses Desiderat.

Jetzt in den Sommerferien wurden alle nötigen und unnötigen Anschläge in der Uni auftragsgemäß entfernt. Aber dieses sollte ein langes Echo haben und blieb an einer halsbrecherischen Stelle hängen. Legte mich nun heute das erste Mal in meiner jahrelangen Uni-Anwesenheit der Länge nach auf den roten Teppich, von weitem hielt man mich verständlicherweise für ohnmächtig oder auch nur an einer sehr unpassenden Stelle für besonders müde. Ein kleiner Moment die Angst, mein rechter Arm könnte nicht lang genug sein. Vom obersten Tesazipfelchen her erreichte ich langsam die Loslösung des gesamten Textes. Ich weiß nicht, ob ich durch den Titel "Maßlos in einer Welt ohne Maß" oder durch den falschen Namen, den ich selbst noch in dieser Form als den einzigen richtigen erkannte, aufmerksam wurde.

Ich versuchte mir die Szene in der U-Bahn vorzustellen. Es ist fast so, als wenn Marina in der U-Bahn gesessen, ihr eigenes Buch gelesen hätte und Kami dem Titel verfallen wäre, und damit ihr.

Laß mich wissen, was Du als dritte zwischen den beiden daraus machst. Du siehst, wie ich meiner Maxime folge, daß wir die Dinge den richtigen Plätzen zuordnen müssen. Exzessiv tue ich das ja jeden Tag mit meinem Katalog in der Bibliothek, aber darauf kann ich diese Passion von mir nicht beschränken.

Laßt es Euch beiden gut gehen, wo immer Ihr seid.

Eure

Gudrun

Der Zettel von der Wand der Universität war groß und lag gefaltet mit im Brief:

"Marina -
Zwietwena"
"Maßlos in einer
Welt
nach Maß!"
Vor einem Monat war es in der U-Bahn?
Du hast mir dieses Gedichtband gezeigt?
Weil ich neugierig danach war!
Jetzt bin ich neugierig nach dir!
Melde dich bitte:
und gib deine Tel.
Kami: meine Nummer: ...

*Gehen durch Kreuzberg.*

Aufatmen in Kreuzberg. Die bröckelnden Häuser, die alten Leute auf den Bänken im Park auf dem Mariannenplatz, die Türkinnen mit ihren Kindern, die Studenten, die Mädchen mit den lila Haaren. An diesem Rand andere Zeiten, andere Bilder. Manchmal sucht man ihn. Ich gehe mit der Verwunderung eines Menschen, der aus einer südlichen Stadt gekommen ist, an alten Fabrikgebäuden vorbei, trete in dunkle Toreinfahrten, Hinterhöfe, entdecke Aufenthaltsorte von Leuten, die weggingen (manche mußten es), aus dem Zentrum. Verstecktes, anderes Leben. Es scheint, als ob die Stadt diese Quartiere nicht erreichen würde, die Straßen sind nicht gefegt, in den Eckhäusern die alten Kneipen aus dem Roman von Döblin und aus alten Filmen. Greller Verfall. Bronx und Harlem. Und ich kann eine Zukunft von Großstädten erfahren. Ich gehe vorbei an Kellerläden mit angehäuftem urbanen Kram, an Menschen, wie an vergessenen Engeln. Sie sind grau und staubig manchmal, hier kann man sie finden. Gedränge, verschiedene Sprachen, die dünnen, dunklen Männer mit den Rosen zum Verkauf, die blassen Kinder, die in großen Kartonschachteln spielen, in der Luft der unbekannte, duftende Rauch. Aufatmen, trotz allem.

Ich höre in Zagreb, im Mai 1987, daß Kreuzberg brennt. Es brennen die Autos, der Supermarkt Bolle, Feuer brennen die ganze Nacht. Raub, Zerstörung. Zwischen den vermummten Kindern sah man auch alte Leute. Die Stadt, das Zentrum sind wie hilflos vor dieser Gewalt. Warum, weswegen? Einst schrien in diesen Straßen die Arbeitslosen, viel später die Stu-

denten, dann die Punks, die Rocker, die schwarzen Motorrad-
fahrer. Dann die Leute, die die Häuser besetzten, jene Häuser,
die man den verschiedensten Spekulationen überlassen hatte.
Und jetzt, im Mai? Keine verständlichen Motive mehr, keine
politischen Forderungen. Jene, die am Rand der Konsumge-
sellschaft leben, üben schlaftrunken Gewalt aus. Stumm, ohne
Mitleid, ohne Hoffnung. Ein Haß außerhalb von Zeit und
Raum. Man hat sie schon lange sich selbst überlassen, ohne
Schulen, ohne Arbeit, Liebe, ohne ein Buch in der Hand. Man
hat sie der Straße gelassen, vor den Auslagen des einzigen Fe-
tischs: der Ware. Darum brennt Kreuzberg, von dem Mutter
Teresa sagte, sie fand hier nach Kalkutta das größte Elend,
darum brennt Kreuzberg 1987 so anders. Es ist ein Feuer der
Unvernunft, der Verlassenheit, Feuer im Schatten der Aufrü-
stung und der Macht von anonymen Maschinen. Und jetzt verbrennen die Kinder die eigenen Götter - die Autos, die Plastik-
tüten der Supermärkte, die Ware, die Transistorradios, die
Motoren - sie tun es zügellos, als ob sie sich selber verbrennen
wollten. Nacht der Rache, die eisige Mondlandschaft der
Randgebiete glüht von kalten Flammen. Vernichtung, hilflo-
ser Schrei. Man hat sie vergessen, verlassen. Und jetzt kehren
der Rauch, der Stein, das Benzin zurück.

Warnungen? Wer hört das noch? So ist es auch mit den
kranken Bäumen, den Flüssen, der verbrannten Luft. Man
denkt, es wird schon alles gut gehen. Aber die Kinder, geboren
in dieser Welt, kennen eine andere Verzweiflung, ihre Not ist
anders. Sie haben keine Erinnerungen an Obstgärten und
Quellen, sie leben zwischen Beton und Abfall, ihre Augen sind
starr, die Gesichter mit Farbe beschmiert, vermummt. Die Au-
tomatik der Gewalt scheint unaufhaltsam. Die grauen Ränder

um das Zentrum aus Gold werden so lange brennen, bis das Gold flüssig wird.

Den Engeln aus den Kellerlöchern sind die Flügel schon lange vom Feuer versengt.

Der Postbote bringt einen Brief von Filippo aus Berlin:

"... ich sitze an meinem sogenannten Arbeitsplatz und denke, wie lange ist es her, als ich im Garten einer arabischen Burg, in einer Ecke unter der strahlenden Sonne auf einem Stein saß... Man muß sich den Verdammten zugehörig fühlen oder tatsächlich einer sein, um diese Landschaft und ihre Menschen zu lieben, denn sie verführt nicht, sie tut nichts, um den flüchtigen, oberflächlichen Blick des Menschen zu erfreuen...

In Kreuzberg gehen die Flammen hoch. Habt ihr davon gehört? Das ist die Minderheit, von der G. Gaus in seinem Buch spricht. Und das, was in dieser Nacht (1.Mai) geschah, war Zukunftsmusik, eine Symphonie der stummen Geister. Die sollte es in diesem Land nicht geben. Nun sprechen die Herrschenden von 'Antiberlinern'...

Doch verlassen wir die Armen, die am Ufer ihre Zelte aufgeschlagen haben und fahren wir zur Hochsee, wo das Wort noch zu hören ist. Vielleicht werden die, die am Ufer bleiben, eines Tages einen in eine Flasche gesteckten Brief von kleinen, melancholischen Wellen ans Ufer getragen bekommen, und in ihm wird zu lesen sein: Seid ihr reich geworden oder lebt ihr noch?"

Mein kleines Bäumchen im Topf auf der Terrasse in der Klaićeva ist gelb geworden und eingegangen. Die Abgase der Autos reichen bis hier oben herauf. Wenn ich weine, lachen mich alle aus. Ich muß immer mehr im Zimmer leben.

Auf Wiedersehen, sagen die grauen Engel, der Traum ist zuende geträumt.


## Der Reisende Benjamin.

Die Nachricht vom Hitler-Stalin Pakt veränderte abrupt die Situation der deutschen Emigranten in Paris. Alle Männer zwischen sechzehn und fünfzig Jahren wurden in Lager abgeführt.
Walter Benjamin mußte sich mit einer Decke und einigen Lebensmitteln im Stadion Colombes melden. Es war August, die Sonne brannte, Benjamin stand mit den anderen Internierten den ganzen Tag in der Hitze. Sie waren in Viererreihen aufgestellt, mußten alle scharfen Gegenstände, das Geld, alle Papiere abgeben. Es ging langsam vorwärts, die Männer waren müde, verzweifelt - denn sie wurden nun, nach der Flucht vor Hitler, plötzlich wieder zu Gefangenen. Abends wurden sie in plombierten Waggons nach Nevers gebracht, in die dortigen Lager. Benjamin war sehr schwach, die Jüngeren stützten ihn, trugen ihn fast.
Er bat brieflich seine Bekannte Adrienne Monnier um Hilfe, sie benachrichtigte den PEN-Club. Später erzählten einige Lagerinsassen, daß Benjamin philosophische Vorträge hielt, um zwei, drei Zigaretten zu bekommen oder eine Sicherheitsnadel.
Auf die Intervention von Jules Romain wurde er Ende November entlassen. Doch in Paris wurde es für ihn noch schlimmer als vorher. Er lebte in großer Not, versuchte weiter zu arbeiten am Text über Baudelaire, aber es gelang ihm nicht. Er wußte, daß er Paris verlassen mußte, bemühte sich ein Visum

für Amerika zu bekommen. In seinen Notizen fand man ein Strindbergzitat: Die Hölle ist nicht, was uns erwartet - sondern dieses Leben hier.

Im ungeheizten Zimmer sitzt ein einsamer und kranker Fremder meistens auf dem Bett. So wärmt er sich, unter der Decke. Auf der Straße, beim Gehen, muß er oft stehenbleiben und sich an die Hauswand lehnen. Das Herz klopft zu stark. Er kauft nur noch Brot und verläßt zuletzt beinah überhaupt nicht mehr das Zimmer.

Ein Mann im dunklen Mantel sitzt auf einem Bett. Um ihn herum die Stille, die vollständige. Tagelang sieht er niemanden, spricht mit niemandem. Auf einem Zettel, mit ganz kleiner Handschrift, stehen Zahlen. Was er verbraucht hat, was er noch an Geld hat. Er sitzt so und wartet auf Briefe aus Amerika.

Adorno hat später geschrieben, daß sich der letzte Plan der *Passagen* beschäftigte mit dem Problem, wie sich die Schlüsselfiguren der Epoche zur Bilderwelt verhielten. "Als Krone seines Antisubjektivismus sollte das Hauptwerk nur aus Zitaten bestehen." Benjamin hat dieses Werk nicht beendet. Denn noch bevor das Visum aus Amerika kam, begann die Invasion der Nazitruppen. Er gab das *Passagen*-Manuskript Georges Bataille, und der versteckte es in der Nationalbibliothek, wo es aufbewahrt blieb, aufbewahrt auch für uns.

Im Juni 1940 stehen die Deutschen vor Paris, vor ihnen fliehen zwei Millionen Leute zum Süden hin. Zwischen den Flüchtlingen auch Walter Benjamin, er trägt seine schwere Aktentasche, eine Gasmaske und Toilettenbeutel. In Marseille bekommt er im Amerikanischen Konsulat endlich das Visum, doch er besitzt kein Ausreisevisum aus Frankreich. Die Franzosen kontrollieren die Grenzen, schicken die Flüchtlinge zurück nach Deutschland. Damals, 1940, gab es nur einen Weg, ohne Visum das Land zu verlassen: man mußte zu Fuß die Pyrenäen überqueren und bis zur Grenzstation Port-Bou kommen. Dort ließen die Grenzsoldaten auf der anderen Seite die Flüchtlinge nach Spanien hinein. Aus Spanien konnte man nach Portugal. Denn nur von Lissabon aus fuhren noch Schiffe in die USA.

Benjamin mußte also diesen Gang über die Berge wagen. Am Tag vor dem Aufstieg traf er Arthur Koestler und teilte mit ihm seinen Vorrat von fünfzig Tabletten Morphium.

Zusammen mit Henny Gurland und ihrem Sohn gingen sie am 26. 9. 1940 los. Der steile Pfad war für jemanden, der schwach und krank war, unmenschlich anstrengend. Der Gang dauerte zwölf Stunden. Als die Gruppe völlig erschöpft das Grenzhaus Port-Bou erreichte, erfuhren sie, daß die Grenze an diesem Tag geschlossen worden war und sie zurück müßten. Für Benjamin bedeutete das: Einlieferung ins Konzentrationslager.

Die Frauen haben geweint, gebettelt. Es war alles umsonst. Sie durften nur die Nacht dort verbringen, sich erholen. In dieser Nacht nahm Benjamin das Morphium. Henny Gurland fand ihn am Morgen, er lebte noch. Er gab ihr einen kurzen Abschiedsbrief für Adorno in Amerika. Sie mußte ihn lesen und vernichten. Gleich darauf trat der Tod ein.

In einem kleinen Hotel an der Grenze zu Spanien endete so das Leben Walter Benjamins, endete im Niemandsland, vor einer Grenze, undurchlässig geworden für jemanden, der hilflos ausgeliefert war den Mächten der Geschichte. Und niemand dort wußte, wer er war.

"Angelus Novus" heißt ein Bild von Paul Klee. Dieser Engel war eine Art Lebensmotto von Benjamin, das Bild in seinem Besitz, bis er es verkaufen mußte. Der Angelus Novus war der Engel der Geschichte. "Er möchte wohl verweilen, die Toten wecken und das Zerschlagene zusammenfügen. Aber ein Sturm weht vom Paradiese her, der sich in seinen Flügeln verfangen hat und so stark ist, daß der Engel sie nicht mehr schließen kann. Dieser Sturm treibt ihn unaufhaltsam in die Zukunft, der er den Rücken kehrt, während der Trümmerhaufen vor ihm zum Himmel wächst. Das, was wir den Fortschritt nennen, ist *dieser* Sturm."

Im September 1940 versuchten auch andere Flüchtlinge, die Pyrenäen zu überqueren. Franz Werfel, seine Frau Alma, Heinrich Mann mit Nelly, ihr Neffe Golo Mann. Aber das war zehn Tage früher gewesen. Sie gingen los um drei Uhr morgens aus Cerbère, einem kleinen Fischerort - unbekannt das Hotel, in dem sie die letzte Nacht verbrachten, das Central oder Belvedere? Die Steinpfade zugewachsen, undurchdringlich. In ihrem Gedächtnis: die Angst, schon lange, der Terror, der Verlust der Heimat. Verlassen die Wohnungen in Berlin, die angesammelten Sachen, die Bücher.

Sie kamen über die Grenze und dann über Madrid nach Lissabon, erreichten das letzte Schiff nach New York. Heinrich Mann verließ es am 13.10., noch älter geworden und ohne Kraft. Er überlebte das Dritte Reich. Im März 1950, vor der Abreise aus Kalifornien in die DDR, starb er in der Fremde, im Exil, dem zweiten nach Frankreich.

"Das erste Exil enthüllte viel später, was es war. Dem Lande, das ich damals aufgab, hatte ich einiges vorzuwerfen. Diesem hier, (Frankreich) - nichts. Als dieses Land mich nicht mehr schützen konnte, bekam mein alter Gang durch Berliner Straßen, Februar 33, endlich sein wahres Gesicht. Die Verbannung aus Europa war es, sie hatte ich damals angetreten."

*Zeugnisse.*

Schicksale und Fluchten. Berlin bewahrt zwischen den Häusern und Gärten die Geschichten derer, die die Stadt verlassen mußten. Jener, die anderswo im Dunkel der Zeit das bittere Brot der Emigration aßen. Jener, denen es nicht gelang, Frankreich zu verlassen, die hungerten oder Selbstmord begingen. Walter Hasenclever, Carl Einstein, Ernst Weiss. Franz Hessel, Benjamins Freund, starb nach der Internierung im Januar 41 in Sanary-sur-Mer. Die letzte Adresse von Joseph Roth war das Hotel de la Post, er starb 1939 im Hospital Necker.

Über Ernst Weiss schrieb Willi Bredel: "Wahrscheinlich ist er in dem kleinen Hotel in der Avenue Versailles gestorben, in dem er die letzten Jahre seines Emigrantendaseins fristete, in jenem winzigen Zimmer mit den grellfarbenen Tapeten, nach einem Lichtschacht hinaus gelegen, halbdunkel, jedenfalls billig... In diesem Zimmerchen arbeitete der deutsche Romancier Ernst Weiss; an diesem Tischchen schrieb er seine letzten Bücher - die man noch lesen wird, wenn die Deutschen längst vergessen haben werden, wie dieser Autor hat wohnen müssen und wie er gestorben ist."

Walter Benjamin, 1939 an Horkheimer: "... So wohne ich jetzt bei Emigranten als Untermieter. Es ist mir außerdem gelungen, Anrecht auf einen Mittagstisch zu bekommen, der für französische Intellektuelle veranstaltet wird. Aber erstens ist diese Zulassung provisorisch, zweitens kann ich von ihr nur an Tagen, die ich nicht in der Bibliothek verbringe, Gebrauch machen; denn das Lokal liegt weit von ihr ab. Nur im Vorbeigehen erwähne ich, daß ich meine Carte d'Identité erneuern müßte, ohne dafür die nötigen 100 Francs zu haben."

Ich gehe durch die Straßen Berlins, schaue zu den alten Fassaden und Fenstern hoch, sehe düstere Wohnungen hinter faltigen Vorhängen, sehe schnelle, jagende Schatten vorbeiziehen. Die Stadt, heute so verändert - was würden sie alle dazu sagen? Was zur Mauer, die sie umringt, zum ehemaligen Potsdamer Platz, den es nicht mehr gibt, über den blinde Gleise führen? Unvorstellbar, daß es Leben gab in dieser heute verödeten Landschaft. Und doch: es ragen noch hoch die Gebäude aus Luft und Erinnerung, es sind zu entziffern die Zeilen aus jener Zeit. Daß man sie wegjagte einst - dafür bezahlt man heute.

"Tausende verdarben und starben im fremden Land, das Zuflucht schien und Falle wurde ... Im Organismus der übrigen steckt, was sie ausgestanden haben, als eine Art Zeitbombe. Es hängt von Gott ab, vom Klima und von den ökonomischen Umständen, wann sie explodiert. Gewöhnlich spricht man dann von Herzattacke...", schrieb Alfred Polgar.

Elisabeth Castonier über Alice Berend: "Alice Berend hatte 1938 in Florenz kein Geld für den Arzt. Sie starb sehr arm, krank und vergessen."

Joseph Roth, 1937, an Stefan Zweig: "... Nichts habe ich jetzt, außer ein paar Briefmarken auf Vorrat gekauft und wie in einer bösen Vorahnung ... Es klebt so viel Unappetitliches an diesem Weg zu Ihnen, an meiner Armut, meinen ständig sich erneu-

ernden kleinen Katastrophen, die für mich Erdbeben sind, an
diesem Strick, der so lange zögert, mich endgültig zu ersticken
und sich nur ruckweise enger zusammenzieht, er ist schon ganz
fett von meinem Angstschweiß..."

Stefan Zweig, Petropolis, 22. 2. 1942: "Ehe ich aus freiem
Willen und mit klaren Sinnen aus dem Leben scheide, drängt
es mich, eine letzte Pflicht zu erfüllen: diesem wundervollen
Land Brasilien innig zu danken, das mir und meiner Arbeit so
gute und gastliche Rast gegeben hat ... die meinen (Kräfte) sind
durch die langen Jahre heimatlosen Wanderns erschöpft ..."

Der Engel der Geschichte. Die Trümmer. Henny Gurland
schrieb in einem Brief 1940 über den Tod von Benjamin:
"... Der Weg war uns völlig unbekannt, zum Teil mußte man
ihn auf allen vieren erklettern. Abends kamen wir in Port-Bou
an und gingen auf die Gendarmerie, um unseren Eintrittsstem-
pel zu erbitten ... Wir waren alle sans nationalité, und man sagte
uns, daß seit einigen Tagen ein Erlaß herausgekommen sei, der
verbot, Leute ohne Nationalität durch Spanien reisen zu
lassen. Man erlaubte uns, eine Nacht im Hotel zu verbringen
... Also gingen wir alle sehr verzweifelt in unsere Zimmer.
Morgens um sieben rief mich Frau Lipmann herunter, da Benjamin mich gerufen hatte. Er sagte mir, daß er abends um 10
Uhr große Mengen Morphium genommen hätte und ich versuchen solle, die Sache als Krankheit darzustellen ... Ich rief
einen Arzt, der Gehirnschlag feststellte und auf mein dringen-
des Verlangen, Benjamin in ein Krankenhaus zu befördern,
alle Verantwortung dafür ablehnte, da Benjamin schon ein
Sterbender sei ... Ich kaufte ein Grab für fünf Jahre etc. Ich
kann dir wirklich die Situation nicht genauer schildern."

Hannah Arendt, ein paar Monate später:

"Es (das Grab) war nicht zu finden, nirgends stand sein Name. Der Friedhof geht auf eine kleine Bucht, direkt auf das Mittelmeer; er ist in Terrassen in Stein gehauen; in solche Steinwälle werden auch die Särge geschoben. Es ist bei weitem eine der phantastischsten und schönsten Stellen, die ich je in meinem Leben gesehen."

Gershom Scholem, Benjamins Jugendfreund, 1975: "Viele Jahre später wurde (und wird) auf dem einen der zwei Friedhöfe (dem, den Hannah Arendt sah), in einer besonderen Holzumzäunung ein Grab Benjamins mit seinem auf Holz gekritzelten Namen gezeigt. Die Photographien, die mir vorliegen, weisen deutlich darauf hin, daß dies völlig alleinstehende, von den wirklichen Grabstätten ganz isolierte Grab eine Erfindung der Friedhofshüter ist, die sich so bei mehrfachen Nachfragen ein Trinkgeld sichern wollten. Auch Besucher, die dort waren, berichteten mir denselben Eindruck. Gewiß, die Stelle ist schön; das Grab ist apokryph."

*Das Kreuzwortschema.*

Die Zeit schreibt Namen und Orte in die senkrechten und waagerechten Kästchen auf dem Papier. Quadrate der Geschichte. Unterm grellen Licht und dem Rieseln von Sand.

Die Reise nähert sich ihrem Ende wie eine immer langsamer werdende Zugfahrt. Nadas Kopf liegt auf der Lehne im Abteil und ihr dunkles Haar färbt sich lila in der Abendsonne. Vera, meine andere Schwester, schickt mir Tagebücher über Reisen in die Ferne, über Rußland, die Türkei. Die Züge fahren, die Züge stehen. Alle drei sind wir eingeschlossen in provisorischen Wohnorten und sind verbunden durch Trennungen. Wenn wir uns treffen, rauchen wir, sprechen, und müssen uns immer wieder suchen.

Bilder, Bücher, Texte liegen auf den Tischen der verschiedenen Aufenthaltsorte. Spurensicherung, stille Arbeit, unverdrossene Archäologie. Dieser Alltag.

Die Stadt, vermummt, gräbt sich immer tiefer ein. Ihre Geographie ist die von Verschwundenen. Oft sind die Straßen laut von den ehemaligen Schritten. Berlin heute - das ist jenes, was als Schatten blieb.

Die Frau Golisch ist alt geworden, sie wäscht nicht mehr die Wäsche auf dem Dachboden in der Mommsenstraße.

Claudio hat in Berlin sein Museum der Utopien zuendegebaut und geht mit einer Tasche voller Bücher auf lange Reisen. Das Licht über dem runden Holztisch ist gelöscht.

Benno schreibt, schreibt auch über Zagreb, vor dem Fenster, das zur abbröckelnden Hauswand schaut, zur Nachbarin im weißen Hemd, die es nicht mehr gibt.

In Deutschland kommen die Bücher und Tagebücher der Marina Zwetajewa heraus, sie ist nicht vergessen.

Das Berlin aus dem Jahr 1966 zieht immer mehr um zwischen die vier Wände des Dachbodenzimmers und wird langsam zu einem Andenken. Das alte Haus wurde verkauft, nun wird es fein gemacht, teuer, alle Ritzen zugekleistert, die Geister, uns, wird man vertreiben.

Filippo und Sofia erwarten ein Kind und werden vielleicht auf Island leben, in der unbekannten Landschaft, die ihr Zuhause ist.

Die Zwischenräume verschwinden, die bloßgelegten Schichten werden zugeschüttet. Letzter Text, letzte Mommsenstraße. Die pulsierende Ader wird zu Kalk, würde Ossip Mandelstam in einer anderen Zeit gesagt haben.

Wer wird die Stadt vor den neuen, anstürmenden Nächten bewahren? Ein Glitzerding nur noch, unbewohnbar für Fremde, Bettler und Propheten?

Bosa, sie ist Dolmetscherin geworden, fährt uns in die Dalmatinische Zagora, in ihr Steinhaus auf der Hochebene über Split. Auch ihr Dorf ist verlassen, die Häuser Ruinen. Ein paar alte Frauen sitzen auf den Mauern und sprechen und weinen. Die Felder zugewachsen, versteinert. Eine ganze Generation junger Frauen verließ diese Dörfer, wurde gerufen, anderswo zu arbeiten, zu bauen. Lockvogel Berlin, sagt Dragica. Ich hatte nur die Bank im Park, doch nun traue ich mich nicht mehr auf ihr zu sitzen. Mein Haar ist sehr dunkel.

In meinem Kopf die Bahnhöfe, die Koffer, die Abschiedsbriefe. Die Heimatlosigkeit, das Vergessen, überall. Und so wird das silberne Kleid der Stadt zu einem Panzer erstarren. Gewollt, gewünscht, am Ende des Jahrhunderts?

In Zagreb blühen die Kastanien, ich gehe über den Prilaz, trage unterm Arm das Manuskript über eine andere Stadt. Ich spüre die südliche Sonne, wärme mich.

Ich denke an einen Friedhof, der aufs blaue Mittelmeer hinausgeht, in seiner Mitte steht der Engel der Geschichte. Zusammengefaltet die Flügel, Wache auf einem Grab, das man nicht finden kann.

Karin schreibt aus Berlin: ...bis bald, die Zeit kann man nicht in den Mund nehmen, dann ist sie schon vorbei.

Der Klumpen Zeit, das Stückchen Leben. Man versucht immer wieder festzuhalten, was dem Vergessen gehören will.

Unter jeder neuen Farberuption liegt das kleine Bild von Wols und leuchtet. Oft ist alles nur dies Leuchten, alles nur das Weiß der verstreuten Papiere und auf ihnen die schwarze Zeichnung der Linien, Bahngeleise, Wege. Ein Netz. Man schreibt Städte auf.

Und in ihnen jene, die man suchte, liebte, nicht fand. Auch das bleiche lunare Kind von Stančić steht da, das leere Zimmer in einem Hotel in Port-Bou, Marinas für immer offenes Fenster im zweiten Stock des ehemaligen Hauses am Prager Platz, das verlassene Bürozimmer von Angel, dem toten Freund, in der Dežmanova, der runde Tisch in der Rothenburgstraße, die kleinen Dachfenster auf der linken Seite des Hauses in der Mommsenstraße, alle diese Orte und Menschen und Schatten, auf die jetzt die weißen Blüten der hohen Kastanien in Zagreb hinunterfallen.

Heftiger, weißer Regen. Ich gehe. Halte das Manuskript unterm Arm, gehe.

# ÜBERSETZUNGEN

**BOWLES Paul**
*Zeitstellen.* Prosa, aus dem Englischen von Wolfgang Astelbauer, 98 Seiten, Broschur öS 120,- DM 18,-

**BUNTING Basil**
*Briggflatts und andere Gedichte.* Aus dem Englischen von Elmar Schenkel, 140 Seiten, Broschur öS 150,- DM 22,-

**GRACQ Julien**
*Die Form einer Stadt.* Prosa, aus dem Französischen von Dieter Hornig, 130 Seiten, Broschur öS 120,- DM 18,-

**HAMBURGER Michael**
*The Glade and other poems.* Gedichte englisch/deutsch, übersetzt von Wolfgang Astelbauer, Michael Donhauser, Elmar Schenkel und Peter Waterhouse, 56 Seiten, Broschur öS 80,- DM 12,-

**MRABET Mohammed / BOWLES Paul**
*El Limón.* Roman, aus dem Englischen von Lilian Faschinger und Thomas Priebsch, 168 Seiten, Broschur öS 150, DM 22,-

**NICCOLAI Giulia**
*Frisbees - poesie da lanciare.* Gedichte italienisch/deutsch, übertragen von Barbara Kleiner, mit einem Vorwort von Livia Candiani, 112 Seiten, Broschur öS 150,- DM 22,-

**ŠALAMUN Tomaž**
*Wal.* Ausgewählte Gedichte, aus dem Slowenischen von Fabjan Hafner, 148 Seiten, öS 180,- D;M 28,-

**WOLFF Tobias**
*Jäger im Schnee.* Erzählungen, aus dem Amerikanischen von Wolfgang Astelbauer, 220 Seiten, Broschur öS 180,- DM 28,-

**ZANZOTTO Andrea**
*Lichtbrechung.* Ausgewählte Gedichte italienisch/deutsch, übersetzt von Donatella Capaldi, Ludwig Paulmichl, Peter Waterhouse, 278 Seiten, Broschur öS 200,- DM 30,-

# ESSAYS, THEORETISCHES

*ELIAS CANETTI - Experte der Macht*
Hrsg. von Kurt Bartsch und Gerhard Melzer. Als eigenwilliger Analytiker von
Machthabern und Machtstrukturen ist Canetti berühmt geworden; daß er sich
diesen Phänomen nicht nur von außen nähert, aus der sicheren Distanz des letzt-
lich Unbetroffenen, sondern zeitlebens gezeichnet bleibt von der Macht, der aus-
geübten wie der erlittenen: sie ist einer der Akzente, die der vorliegende Band
setzen will. Seine Beiträge verstehen sich als kritische Würdigung: sie wollen den
verschiedenen Aspekten eines großen Werkes gerecht werden, ohne seine pro-
blematische Kehrseite zu verschweigen.
165 Seiten, Broschur öS 180,- DM 28,-

FIAN Antonio
*Es gibt ein Sehen nach dem Blick.* Aufsätze
"Das Wissen um eine Grenze, die sich niemals überschreiten läßt, hindert nicht
den dauernden Versuch, und das Scheitern am Unmöglichen führt im Glücks-
fall zur Überwindung anderer, ähnlich stabiler Barrieren, die am Weg lagen",
heißt es am Beginn des ersten von fünf Aufsätzen, die so Unterschiedliches zum
Gegenstand haben wie die Prosa Eva Schmidts, die (Macht)phantasien des
André Heller, die Kriminalromane Jim Thompsons oder den öffentlichen Um-
gang mit dem Werk Thomas Bernhards, denen doch eines gemeinsam ist: sie
sind Plädoyers für die Bilder im Kopf, die eine Domäne der Literatur sind, die
Domäne der Erzähler. Im zweiten Teil tritt die Literatur gegen das Fernsehen
an, David gegen Goliath, siegesgewiß. "Über Möglichkeiten, weiter zu erzählen"
wird nicht nur nachgedacht, sie werden vorgeführt.
112 Seiten, Broschur öS 150,- DM 22,-

*GLOSSARIUM DER RUSSISCHEN AVANTGARDE*
Hrsg. von Aleksandar Flaker.
34 enzyklopädische Kapitel zu Begriffen und Erscheinungen der russischen
Avantgarde zwschen 1919 und dem Ende der 20er Jahre — Begriffe, die für das
Verständnis, die Interpretation und die Lektüre der klassischen Moderne, auch
der anderen europäischen Länder, unerläßlich sind.
548 Seiten, gebunden öS 1200,- DM 180,-

*HERBSTBUCH 1.*
Hrsg. von H. G. Haberl, Werner Krause und Peter Strasser.
Eine Nomadologie der Neunziger, mit Beiträgen von Vilèm Flusser, Adolf Holl,
Peter Jirak, Thomas H. Macho, Franz Schuh, Peter Sloterdijk, Peter Strasser
und einem Bildessay von Willy Puchner.
ca. 240 Seiten, Broschur, öS 150,- DM 22,-

HOFFER Klaus
*Methoden der Verwirrung.* Vorlesungen zur phantastischen Literatur.
In dieser Vorlesungsreihe des Autors von »Halbwegs« und »Am Magnetberg«
geht es um »jenen Wahnsinn des Lebens, der Methode hat«, und die Einzigar-
tigheit, mit der Kafka »diese Methode auf der Ebene der Literatur zu simulie-
ren« verstand. Die Auseinandersetzung mit den Strategien Kafkas weitet sich
jedoch im Fortgang der Untersuchung Schritt für Schritt zu einer Aufdeckung
allgemeiner Techniken der Irreführung aus. Zu Wort kommen dabei neben dem
Kronzeugen Hoffers so unterschiedliche Autoren wie Borges und Vonnegut,
Saki und Valentin, Handke und − Hoffer, der Erzähler.
So umreißt der Essay allmählich den Begriff der Verwirrung, die von einer be-
stimmten Form der labyrinthischen Literatur dem Leben abgeschaut und nach-
gestellt wird. 152 Seiten Broschur mit 8 Abbildungen. öS 150,- DM 22,-

JANOSKA Georg
*Vergeltung und Schuld.* Betrachtungen.
Die enge Verflechtung von Geben und Nehmen verweist im religiös-sittlichen
Bereich auf die menschlichen Grundfragen. Die Nötigung, Gaben zu erwidern,
ist uralt und reicht bis in unsere Gegenwart; heute dominiert freilich der nega-
tive Aspekt: DIE STRAFE, deren Motiv üblicherweise RACHSUCHT ist.
Selbst wo diese durch den Willen zur Macht überwölbt wird, steht immer noch
das negative Vergeltungsdenken im Zentrum. 188 Seiten, öS 150,- DM 22,-

SCHUTTING Julian
*Zuhörerbehelligungen,* Vorlesungen zur Literatur.
"Diese meine Poetikvorlesungen, gehalten an der Universität Graz, habe ich
wohl zu Recht *Zuhörerbehelligungen* genannt − und im Vertrauen darauf, daß
manches von dem, was mich interessiert, auch andere interessieren könnte, habe
ich über größere Strecken meine Steckenpferde geritten ..."
145 Seiten, Broschur öS 150,- DM 22,-

© Verlag Droschl Graz-Wien

Erstausgabe 1990

Umschlaggestaltung: Catherine Litassy-Rollier
Layout und Satz: MD Design
Herstellung: Grazer Druckerei

ISBN 3-85420-190-7

Verlag Droschl A-8010 Graz Bischofplatz 1